Basiswissen

Politik / Geschichte / Ökonomie

Manfred Weißbecker

Weimarer Republik

PapyRossa Verlag

2. Auflage 2023

Luxemburger Str. 202, D-50937 Köln
Tel.: +49 (0) 221 – 44 85 45
Fax: +49 (0) 221 – 44 43 05
E-Mail: mail@papyrossa.de
Internet: www.papyrossa.de

Druck: Interpress

Die Deutsche Nationalbibliothek verzeichnet diese Publikation in der Deutschen Nationalbibliografie; detaillierte bibliografische Daten sind im Internet über http://dnb.d-nb.de abrufbar

ISBN 978-3-89438-572-9

Inhalt

Vorwort

> »Die deutsche Republik ist am 9. November 1918 geboren und nicht am 11. August 1919. Was in Weimar beschlossen wurde, ist nur eine nachträgliche und sehr schüchterne Legalisierung des neuen Zustandes, ein Grundgesetz, bei dessen feierlicher Erwähnung wir uns nur erinnern, dass seine wichtigsten Sätze nie und nirgends in die Praxis umgesetzt worden sind. Dass neben sehr unglücklichen und steifleinenen Formulierungen auch sehr gute und nützliche Dinge drinstehen, werden wir gern anerkennen, wenn sie zur täglichen, selbstverständlichen Übung geworden sind.«
>
> *Carl von Ossietzky: Nationalfeiertag*
> *(Die Weltbühne, 5.7.1927, S. 4)*

Zwei Daten – der 9. November 1918 und der 30. Januar 1933 – kennzeichnen jenen kurzlebigen und dennoch außerordentlich bedeutsamen Zeitraum, der als »Weimarer Republik« in die Geschichte einging. Ersteres benennt ihre Geburtsstunde, den Tag einer Revolution gegen Krieg und Elend, gegen Fürstenherrschaft und Militarismus, gegen die Macht des Großkapitals sowie für neue, für bessere und als sozialistisch bezeichnete gesellschaftliche Verhältnisse. Bewirkt durch eine revolutionäre Massenbewegung wurde sie am Tage des Sturzes Kaiser Wilhelm II. durch den Sozialdemokraten Philipp Scheidemann und den Sozialisten Karl Liebknecht ausgerufen. Der zweite Tag, 14 Jahre und drei Monat später, kündet vom schmählichen Ende dieser Republik und ihrer im thüringischen Residenzstädtchen Weimar verabschiedeten parlamentarisch-demokratischen Verfassung. Über die nach diesem Ort benannte Republik triumphierten ihre

Gegner, allen voran die Nationalkonservativen im Bunde mit völkisch-rassistischen und faschistischen Kräften. Sie ging unter, als jene endgültig siegten, die von Anfang an gegen sie auftraten. An deren Spitze gelangte während der Weltwirtschaftskrise eine Partei, die sich selbst als nationalsozialistisch bezeichnete und eine terroristisch-demagogische Politik betrieb – gerichtet gegen alle organisierten Arbeiterorganisationen, gegen Demokratie und Liberalismus, gegen Parlamentarismus und Pazifismus. Jeglicher Humanismus galt ihr als Gräuel, Krieg als entscheidendes Mittel revanchistisch-expansionistischer Politik.

Zur Geschichte der Weimarer Republik gehören ebenso das unmittelbare Davor während der letzten Jahre des Ersten Weltkrieges und das Danach mit der endgültigen Abwicklung ihrer Überbleibsel. Obwohl dieser Staat ein eigenständiges Gesicht besaß, fügt er sich dennoch nahtlos in die deutsche Geschichte des 20. Jahrhunderts ein. Sein Name galt anfangs als Synonym für den Versuch, im krisengeschüttelten und von Kriegsfolgen schlimmster Art gebeutelten Deutschland etwas unter einen Hut zu bringen sowie in Gesetze und Taten umzusetzen: traditionelles bürgerlich-demokratisches sowie proletarisch-sozialistisches Denken. Manches gelang, Vieles scheiterte. Erbitterte Auseinandersetzungen tobten zwischen Bourgeoisie und Arbeiterklasse, Konservativen und Liberalen, Militärs und Pazifisten, Herrschenden und Beherrschten, Ausbeutern und Ausgebeuteten, nationalistisch-rassistischem Ungeist und humanistischer Kultur.

Generell verkörperte die Weimarer Republik sowohl die Kontinuität kapitalistisch geprägter Verhältnisse als auch eine der vielgestaltigen Erscheinungsformen bourgeoiser Macht. Weder in ihr noch durch sie sahen sich die Grundlagen sozialökonomischer und politischer Herrschaft ersetzt oder gar grundlegend gewandelt. Was während dieser 14 Jahre in Deutschland geschah, spiegelt die Grundzüge und Widersprüche einer auf kapitalistischen Verhältnissen beruhenden Wirtschafts- und Gesellschaftsordnung wider, ebenso aber auch Entfaltungsmöglichkeiten politischer Kräfte, die den historischen Fortschritt gegenüber dem Kaiserreich ermöglicht hatten und ihn verteidigten, zugleich Festigung und Ausbau der Demokratie erstrebend. Der Übergang vom monarchistisch-autoritären Regime des Kaiserreiches zu einem bürgerlichen System parlamentarisch-demokratischen Regierens bot auch einen gewissen Spielraum für sozialistische Bestrebungen sowie einen außerordentlich günstigen Nährboden für das Aufblühen humanistischer Kultur. Alles erstickte indessen schließlich im schrittweisen Abbau demokratischer Normen und in der Schaffung einer autoritären Präsidialmacht, die ihrerseits den Weg für die Diktatur des Hitlerfaschismus ebnen und befördern half.

Im Zeitgeist der nachfolgenden Perioden schien aus dem geschichtlichen Fundus der Weimarer Republik jeweils auf, was neuen, veränderten Verhältnissen Erklärung und Rechtfertigung oder gar salbungsvolle Weihe verhieß. Zwölf Jahre lang galt sie als erfolgreich überwundene Zeit »deutscher Schmach«, als Werk der »Novemberverbrecher«, als Hort und Förderer jüdisch-bolschewistischer Unkultur. In den folgenden Zeiten deutscher Zweistaatlichkeit hieß es auf westlicher Seite demonstrativ, Bonn sei nicht Weimar. Auf der östlichen wurde verkündet, die Novemberrevolution sei in ihr endgültig zum Sieg des Sozialismus geführt. Mit zunehmendem zeitlichen Abstand verschoben sich Akzentsetzungen: Zunächst stand die Suche nach den Ursachen des 30. Januar 1933 im Zentrum des Blicks: Weimar stellte sich dar als Ausgangspunkt und Nährboden für Faschismus und Krieg. Mehr und mehr traten jedoch demokratische Vorzüge der Weimarer Verfassung in den Vordergrund, auch wenn diese in der Verfasstheit des Staates von Weimar nur in Ansätzen, Anstößen und suchenden Bemühungen erkennbar waren. Geschichtswissenschaft und Geschichtspolitik betrachten zunehmend nicht das Scheitern, sondern das demokratische und in die Zukunft weisende Potenzial als vorrangig. Die 1990 entstandene Berliner Republik – die es versäumte, sich eine neue und demokratisch legitimierte Verfassung zu geben – preist Weimar als die erste deutsche Demokratie und sich selbst als die nunmehr in jeder Hinsicht erfolgreiche zweite.

Und heute? Muss da der Blick nicht zunehmend gerichtet werden auf damalige Versuche ökonomischer wie politischer Krisenbewältigung? Auf die Frage, wer sich von deutschnationalem Dünkel leiten ließ und »Demokratie auf Abruf« betrieb? Auf einen Vergleich alter und neuer Erscheinungen im Abbau von Demokratie? Auf immer ungerechter werdende Sozialpolitik? Auf Gefahren, die in sogenannten postdemokratischen Verhältnissen und neuerlicher Rechtfertigung kriegerischer Abenteuer liegen? Drängt sich nicht als unabdingbare Pflicht ins Blickfeld, das damalige Übermaß an Toleranz gegenüber beschämenden Erscheinungen völkischer, rassistischer und nationalistischer Fremdenfeindlichkeit auch als ein Warnzeichen für Gegenwart und Zukunft zu sehen? Gilt es nicht erneut, Ursachen und Folgen des damals so unzulänglichen, ja geradezu faschismusförderlichen Umgangs (un)verantwortlich handelnder Eliten zu enthüllen?

Die Weimarer Republik nahm und nimmt in Geschichtsschreibung und Geschichtspolitik einen außerordentlich breiten Raum ein. Oft werden die Ursachen ihres Scheiterns in mancherlei Schlagworten eher verklärt denn erhellt: Da geht die Rede von improvisierter und daher unzulänglicher Demokratie (Theodor Eschenburg), da wird von Demokratie und Republik gesprochen, die ohne Demokraten und Republikaner geblieben seien, da sei die Freiheit verspielt worden (Hans Mommsen), die Republik überfordert (Ursula Büttner), ihre Demokratie unvollendet (Horst Möller) gewesen. Vor allem aber geistert durchs Land die zweckdienlich konstruierte Behauptung, die Weimarer Republik wäre gleichermaßen von rechten und linken Extremisten zerstört worden.

Jeder Versuch, den Ort der Weimarer Republik in der deutschen Geschichte zu bestimmen, hing stets von Bedingungen und

Erfordernissen nachfolgender Zeiten ab. Unterschiedliche Ergebnisse – niedergeschrieben in zahlreichen, mitunter kaum noch überschaubaren Publikationen – erlauben jedoch nicht allein Rückschlüsse auf den »Zeitgeist«, sondern zugleich auf den politisch-historischen Standpunkt des jeweiligen Betrachters. Selbstverständlich nimmt sich das Urteil anders aus bei Verfechtern kapitalistischer Verhältnisse oder jenen fellow travellers, die im Interesse der Oberen der Gesellschaft agieren, als bei jenen, die in deren unterem Teil unmittelbar betroffen und benachteiligt sind von profitorientiertem Konkurrenzgebaren, vom verheerenden Wirken der Krisen und Kriege, von sozialer Ungerechtigkeit, von einem »Zeitgeist«, der dem allem dienstbar zu sein bereit ist.

Was kann, was soll auf allerengsten Raum gedrängtes »Basiswissen« sein für heutiges Verständnis der Geschichte des Staates von Weimar? Benannt werden können nur wenige Ereignisse und Begebenheiten. Lediglich einige Interessen, Konzepte und Akteure lassen sich vorstellen. Im Vordergrund steht die politische Wirksamkeit von Regierungen, Parteien, Verbänden und Institutionen. Darin mag eine wesentliche Seite der Geschichte der Weimarer Republik erkannt werden, ihre widerspruchsvolle und nicht zwangsläufig verlaufende Entwicklung ebenso wie offen gebotene und ungenutzte Handlungsräume. Unbestreitbar bewirkte eine Vielzahl unterschiedlicher Faktoren das bittere Ende, doch muss vor allem gefragt werden, wer hauptsächlich welche Schuld und wer Mitverantwortung für den verfehlten Demokratie-Versuch trägt.

Auf eigentlich erforderliche Anmerkungen wird, von Ausnahmen abgesehen, verzichtet. Alle Belege lassen sich in den vier Bänden des vom Verfasser mitherausgegebenen »Lexikons zur Parteiengeschichte« sowie in der ausgewählten Literatur finden, auf die am Ende des Bandes hingewiesen wird. Geschichtsinteressierten Lesern sei ohnehin weitere, hilfreiche und kritische Lektüre empfohlen.

I.
Ausgangspunkt: Novemberrevolution

Am Ende des Ersten Weltkrieges sahen die zumeist konservativ und nationalistisch agierenden Eliten Deutschlands – darunter führende Großindustrielle, Bankiers, Großagrarier, Militärs, Staatsbeamte, Partei- und Verbändepolitiker u. a. m. – ihre Machtpositionen erschüttert. In militärischer Hinsicht rückte von Tag zu Tag bedrohlicher die unvermeidliche Niederlage heran. Weder die Frühjahrsoffensive an der Westfront noch das als Erfolg gefeierte Friedensdiktat gegen Sowjetrussland vermochten die drohende Niederlage abzuwenden. Die Wirtschaft konnte elementarste Bedürfnisse der Bevölkerung nur noch in minimalem Maße decken. Selbst die Herstellung kriegswichtiger Produkte ging zurück. Es mangelte an Rohstoffen aller Art, an Energie und Arbeitskräften. Inflation und Staatsverschuldung schnellten in die Höhe. Immer unerträglicher, ja geradezu katastrophal gestaltete sich die soziale Lage in den Städten und auch auf dem Lande. Unzufriedenheit brach sich Bahn. Empörung, Unruhen und Streiks prägten die Stimmungslage der Massen. Von jener Kriegsbegeisterung, die 1914 rauschhaft einen großen Teil der Deutschen erfasst hatte, konnte keine Rede mehr sein.

Suche nach neuen Wegen

Angstvolle Besorgnis griff unter den Herrschenden um sich. Krisenstimmung breitete sich aus. Gustav Stresemann, führender

Mann der *Nationalliberalen Partei*, fragte in dieser Zeit, ob nicht mit einem parlamentarischen System ein besserer »Kitt« für das Verhältnis zwischen Volk, Regierung und Staat zu schaffen sei. Zunehmend hofften bürgerliche Kreise, so den erschütterten Zusammenhalt von Oben und Unten, von Herrschenden und Beherrschten, wieder herstellen und weiter gewährleisten zu können. Gesucht wurden neue Mittel, geeignet, um einerseits den Krieg endlich zum gewünschten Erfolg fortführen und andererseits die rebellierenden Massen im Zaum halten zu können. Das 1916 eingerichtete System einer Militärdiktatur erwies sich dazu nicht in der Lage; die an seiner Spitze stehenden Generäle Paul von Hindenburg und Erich Ludendorff sollten allerdings später noch eine verhängnisvolle Rolle spielten. Nachdem eine Mehrheit des Reichstages – zu ihr gehörten neben der Sozialdemokratie das großbürgerlich-katholische *Zentrum*, die eher linksliberale *Fortschrittliche Volkspartei* und einige Angehörige der *Nationalliberalen Partei* – eine »Friedensresolution« beschlossen und sich für eine Verständigung mit den Kriegsgegnern ausgesprochen hatte, brach erheblicher Streit auf zwischen Konservativen, alldeutsch und monarchistischen Kreisen einerseits und liberalen, bürgerlich-parlamentarischen Kräften andererseits. Neue Organisationen entstanden, die zunehmend für Polarisierung und Radikalisierung sorgten. Sozialdemokraten, unzufrieden mit der Burgfriedenspolitik ihrer Partei, fanden sich in der USPD zusammen. In ihr drängten einige Gruppen noch weiter nach links. Auf der rechten Seite entstand am 2. September 1917 mit der *Deutschen Vaterlandspartei* ein Sammelbecken von Kräften, die immer noch einen »Siegfrieden« erstrebten, um weit gespannte Kriegsziele zu verwirklichen, und die zugleich strikt jegliches Zugeständnis an die um Brot, Frieden und demokratische Verhältnisse ringenden Massen ablehnten.

Zunehmend suchten Angehörige liberal und parlamentarisch orientierten Bürgertums nach Veränderungen im bestehenden Herrschaftsapparat. Im Auswärtigen Amt kursierte die Denkschrift eines deutschen Militärattachés, in der es hieß: »Unsere Zukunft hängt davon ab, ob es gelingt, die Masse der Sozialdemokratie in eine monarchistische Arbeiterpartei zu verwandeln. Es lässt sich nun einmal nicht mehr gegen, sondern nur noch durch die Massen Geschichte machen [...] Wir müssen deshalb auf das soziale Königtum hinarbeiten.« Der Hamburger Großreeder Albert Ballin empfahl Wilhelm II., eine »rasche und kluge Modernisierung« des Reiches zu betreiben; andere regten an, mit einer »Revolution von Oben« der von unten drohenden vorzubeugen. Sozialdemokratische Politiker forderten den Volksstaat, der den Obrigkeitsstaat ersetze, weiter links stehende Kräfte eine Volksrevolution und – den russischen Oktober 1917 vor Augen, nahezu enthusiastische Hoffnungen auf ihn setzend – eine sozialistische Umwälzung in Wirtschaft und Gesellschaft.

Erstmalig durften zwei Sozialdemokraten im Kabinett des am 3. Oktober 1918 berufenen neuen Reichskanzlers Prinz Max von Baden als Staatssekretäre, d.h. als Minister, Platz nehmen. Unter dem Druck der Militärs hatte man die Westmächte bereits um einen Waffenstillstand bitten und so direkt auf die Vorschläge des US-amerikanischen Präsidenten Woodrow Wilson vom 18. Januar 1918 eingehen müssen. Angesichts des militärischen Bankrotts wurden eilig verfassungsrechtliche Reformen auf den Weg gebracht. Künftig sollte der Reichskanzler nicht mehr allein dem Kaiser, sondern auch dem Parlament gegenüber verantwortlich sein. Den Reichstagsabgeordneten wurde nun erlaubt, Beamte zu werden und damit Regierungsämter einnehmen zu dürfen. Das Parlament sollte künftig auch über die Fragen von Krieg und Frieden sowie über die Ernennung und Verabschiedung hoher Offiziere entscheiden.

Diese sogenannten Oktoberreformen von 1918 hätten vielleicht zehn Jahre früher beträchtliche Wirkungen ausgelöst – in der damaligen Situation blieben sie de facto wirkungslos. Gemessen selbst an den Wünschen ihrer Verfechter waren sie kärglich und unzureichend. Die sacht modifizierte Herrschaftstechnik machte die Revolution in keiner Weise »überflüssig«, wie einige Historiker behaupten. Ein wirklicher Wandel vollzog sich erst im Sturmlauf der Revolution. Keiner der Tage, die gern als Gründungsdatum der Republik von Weimar bezeichnet werden, ist ohne den 9. November 1918 denkbar: weder der 19. Januar 1919, der Tag der Wahlen zu einer Verfassunggebenden Deutschen Nationalversammlung, noch der 6. Februar 1919, der Tag, an dem diese in Weimar eröffnet worden ist, noch der 11. August 1919, der Tag, an dem die Verfassung der Weimarer Republik unterzeichnet wurde.

Gleichsam über Nacht ging am 9. November 1918 ein über viele Jahrhunderte hinweg stabiles, kaum angefochtenes und für den Adel ertragreiches monarchistisches Herrschaftssystem zugrunde. Die Kronen rollten in den Staub, die Throne leerten sich. Erstmals, auch einmalig in der deutschen Geschichte sorgten Aktionen einer großen Mehrheit der Bevölkerung für ein rasches Kriegsende, widerstanden Soldaten unsinnigen Befehlen ihrer Vorgesetzten. Darüber hinaus begehrten viele Menschen generell gegen den Militarismus und seine gesellschaftlichen Ursachen auf. Sie strebten vor allem in Gestalt von Arbeiter- und Soldatenräten eigene Machtorgane an. Und dies in einer Form, die Sebastian Haffner veranlasste, von einer sanften, ja gutmütigen Revolution zu sprechen; unfriedlich, blutig, opferreich ging es erst zu, als Militärs, sogenannte Vernunftrepublikaner und ebenso SPD-Politiker nicht vor dem Einsatz von Waffen zurückschreckten.

Mit der Revolution musste das Prinzip der Fürstensouveränität dem der Volkssouveränität weichen. Es siegte der Grundsatz, dem zufolge die Staatsgewalt ungeteilt beim Volk zu liegen habe. Bereits am 10. November 1918 proklamierte die neue Regierung in Berlin, die sich selbst als *Rat der Volksbeauftragten* bezeichnete, mehr demokratische Grundsätze, als jemals zuvor hatten erkämpft werden können. Da ging es nicht nur um »etwas mehr« Demokratie (Heinrich August Winkler), sondern um Demokratie überhaupt, und dies in Gestalt einer Republik. Getragen und getrieben von der Revolution verkündeten die Volksbeauftragten am 10. November 1918 – wie es ausdrücklich hieß: »schon jetzt mit Gesetzeskraft« – ganz wesentliche Elemente einer neuen politischen Ordnung. Da ging es um die Einführung des gleichen, geheimen, direkten und allgemeinen Wahlrechts für alle ab 20 Jahren, aber auch um die erstmalige Durchsetzung des Frauen-Wahlrechts, das mitunter lediglich als »Dank des Vaterlandes« und weniger als »Geschenk der Revolution« angesehen wird. Da wurden der Belagerungszustand, die Gesindeordnungen, jegliche Zensur sowie alle Beschränkungen im Vereins- und Versammlungsrecht beseitigt. Die 1914 aufgehobenen Arbeiterschutzbestimmungen sahen sich neu in Kraft gesetzt. Der Aufruf kündigte auch die Einführung des Achtstundentages ab 1. Januar 1919 sowie weitere wirtschaftspolitische Maßnahmen im Interesse der Werktätigen an: Tarifrecht, Gewährung von Arbeitslosenunterstützung u. ä. m. All das ging weit über die Oktoberreformen hinaus. Zugleich erscholl der Ruf nach einer Vergesellschaftung der Produktionsmittel, nach Sozialisierung von Bergbau und Schwerindustrie, und damit nach einer weitgehenden Entmachtung von Großindustriellen und Großagrariern. Selbst bürgerlich-demokratische Kreise erklärten: »Die bisherige Gesellschaftsordnung hat uns in den Abgrund geführt [...] Nur die sozialistische Gesellschaft kann die Völker vor dem Verfall in die Barbarei retten.«[1]

Alles, was Revolutionäre forderten und rasch beschlossen, sollte der Durchsetzung eines »sozialistischen Programms« dienen. Dass dies nicht geschah, ändert nichts an der Bewertung der Revolution. Die während des Krieges durch (Mehrheits-)SPD und Gewerkschaften praktizierte Politik des sogenannten Burgfriedens war erheblich ins Wanken geraten. Ausgangspunkte für

1 Mitteilungen des Bundes Neues Vaterland. Neue Folge, Nr. 1. Revolutionsnummer, November 1918, S. 7.

alternative Gesellschaftskonzepte tauchten auf, über deren weitere Berechtigung und Entwicklung nun im Kampf zwischen den Klassen und Parteien unter neuen Bedingungen zu entscheiden war. Wichtige Weichen wurden gestellt, bedeutende Zukunftsentscheidungen getroffen, wenngleich weder stabil noch dem Ansturm jener gewachsen, die das revolutionäre Geschehen als nicht gewollt, als paradox, als überflüssig diskreditieren wollten oder gar mit dem Schlagwort »Novemberverbrecher« auf den Lippen schließlich 1933 sowohl den Ergebnissen der Revolution als auch der Weimarer Republik den Garaus machen konnten.

Rätemacht oder Nationalversammlung

Unter dem Eindruck der tief greifenden Erschütterung ihres politischen Machtsystems ging es für die alten Eliten nun nicht mehr um die Frage, ob bürgerlich-parlamentarische Regierungsverhältnisse zu verneinen oder zu bejahen seien. An der republikanischen Staatsform konnte, nachdem sowohl Philipp Scheidemann als auch Karl Liebknecht die Republik ausgerufen hatten, nicht mehr gerüttelt werden. Für Bourgeoisie, Militärs, Großagrarier und die bürgerlichen Parteien handelte es sich ganz generell um Entscheidungen, die auf dem Boden der neuen Verhältnisse entweder den Verlust oder die Erhaltung ihrer Machtgrundlagen bedeuteten. Es ging für sie nunmehr um die Durchsetzung des bürgerlichen Charakters der errungenen Demokratie sowie um die Fähigkeit, auch angesichts ungewollter und ungeliebter Veränderungen neue Formen und Mittel weiterer Herrschaftsausübung bei unveränderten kapitalistischen Wirtschaftsverhältnisse zu finden.

Vorrangig wurden Erhaltung und Funktionstüchtigkeit des alten Staatsapparates angestrebt. Dem dienten die Übernahme von sieben der zwölf Staatssekretäre – d. h. Minister – der alten Regierung in den Apparat des Volksbeauftragten-Rates, ferner das zwischen Friedrich Ebert und General Wilhelm Groener geschlossene Bündnis über den Einsatz der verbliebenen militärischen Formationen. Unternehmerverbände und Gewerkschaften schlossen am 15. November einen Vertrag, der letztere erstmals als Interessenvertretung der Arbeiter anerkannte. Der Preis allerdings: Verzicht auf eine sofortige Durchsetzung der Sozialisierung. Die Forderung »Nationalversammlung statt einseitiger Klasenherrschaft« wirkte den Bemühungen entgegen, den überall – insbesondere auf regionaler, kommunaler und betrieblicher Ebene – entstandenen basisdemokratischen Arbeiter- und Soldatenräten wesentliche Machtpositionen zu sichern. Der vom 16. bis 21. Dezember 1918 tagende Reichsrätekongress entschied die Frage »Rätemacht oder Nationalversammlung«. Er votierte vor allem unter dem Einfluss der Führung der SPD und unter Duldung derjenigen der USPD für seine Selbstentmachtung und setzte die Wahl zu einer verfassunggebenden Nationalversammlung für den 19. Januar 1919 an.

Im Vorfeld dieser Wahl formierten sich die in den ersten Revolutionstagen faktisch zerfallenen bürgerlichen Parteien neu. Sie wollten in der Lage sein, SPD und USPD alternativ begegnen zu können. In rascher Folge entstanden aus den alten Parteien die *Bayerische Volkspartei* (12. November), die liberale *Deutsche Demokratische Partei* (20. November), die nationalistisch-monarchistische *Deutschnationale Volkspartei* (24. November) und die großkapitalistisch-wirtschaftsliberale *Deutsche Volkspartei* (15. Dezember). Die großbürgerlich-katholische Zentrumspartei trat symbolträchtig mit der Losung »Mit der alten Fahne in die neue Zeit« auf und nannte sich vorübergehend *Christlich-demokratische* bzw. *Christlichsoziale Volkspartei*. Nicht zuletzt kam in der Wahl neuer Namen das Bestreben zum Vorschein, die Parteien gänzlich aus den alten Strukturen der Honoratioren- und Wahlvorbereitungsvereine herauszuführen und sich nunmehr entschiedener als zuvor um einen Massenanhang zu bemühen. Ihr Motto: Volksparteien gegen Volksrevolution. Hingegen scheiterten alle Versuche, mehrere bürgerliche Organisationen zu einer größeren Partei zusammenzuführen. Insgesamt verschob sich das Parteienwesen in kleinen Dosen nach links, doch die Kontinuität zu den alten Bahnen des deutschen Parteiengefüges ließ sich weder überwinden noch überdecken.

Die Wochen vor dem Wahltag standen im Zeichen von Gewalt und brutalem Auftreten militärischer Formationen. Blutig wurden im Januar 1919 unter dem Oberbefehl des Sozialdemokraten Gustav Noske und mit Duldung der Spitzen der SPD Berliner Arbeiter niedergeschlagen, die sich spontan erhoben hatten, nachdem der beliebte linke USPD-Politiker Emil Eichhorn als Berliner Polizeipräsident abgesetzt worden war. Dem Terror fielen auch Rosa Luxemburg und Karl Liebknecht zum Opfer, die an der Spitze der kurz zuvor gegründeten KPD standen. Mit brutaler Gewalt ging die – seit dem Ausscheiden der USPD Ende Dezember 1918 rein (mehrheits-)sozialdemokratische – Regierung auch gegen revolutionäre Kräfte vor, die von Februar bis April in großen Streiks ihren Forderungen Nachdruck verliehen oder – wie in Bremen und München – sogar für kurze Zeit eine Räterepublik errichteten. Gleichzeitig versprachen sozialdemokratische Politiker, eine Gesetzgebung für eine Sozialisierung einzuleiten. Diese »marschiere« bereits, verkündeten sozialdemokratische Plakate.

Wahlberechtigt waren 36,8 Millionen Einwohner des Reiches, 63,1 % der Bevölkerung; 1912 waren es bei den letzten Reichstagswahlen vor dem Krieg mit 14,4 Millionen nur 22,2 % der Bevölkerung gewesen. Dennoch führte dies lediglich zu quantitativen Veränderungen, weniger zu einem grundsätzlichen Wandel. Die bürgerlichen Parteien erlangten 54,5 % der Stimmen und 56,1 % der insgesamt 421 Mandate. Stärkste Partei wurde wie bereits 1912 die Sozialdemokratie mit 37,5 % und 163 Abgeordneten, während die USPD nur 7,6 % der Stimmen und 22 Mandate errang. Die neu gegründete KPD war zur Wahl nicht angetreten.

Die Eröffnung der Nationalversammlung fand am 6. Februar 1919 fern der Hauptstadt und anderer revolutionärer Zentren in thüringischen Residenzstädtchen Weimar statt. Rasch erfolgten die ersten gesetzgeberischen Schritte. Schon am 10. Februar wurde das Gesetz über die vorläufige Reichsgewalt beschlossen, auf dessen Grundlage einen Tag später Ebert mit 277 Stimmen von 379 zum Reichspräsidenten gewählt wurde. Am 13. Februar stellte Philipp Scheidemann die von ihm gebildete Regierung vor, gestützt auf eine Koalition von SPD, DDP und *Zentrum*. Was die beiden bürgerlichen Parteien zum Eintritt in die Regierung bewog, sprach Friedrich Naumann, führender Kopf der DDP, in der Debatte über Scheidemanns Regierungserklärung offen aus: Eigentlich hätten es die Verhältnisse ermöglicht, eine »unsozialistische Mehrheit« herzustellen, aber bedauerlicherweise könne eine solche »Zusammenfassung der Rechten« die Revolution nicht beenden und damit die »Hauptzwecke der Gegenwart« nicht realisieren. Seine Begründung: Gerade das gemeinsame Auftreten der bürgerlichen Parteien »würde alle sozialistischen Arbeiter, unbeschadet der Differenzen ihrer eigenen Temperaturen und Auffassungen, zusammen zu einer gemeinsamen Opposition formieren, und es würde absolut unmöglich sein [...] im Augenblick einen ruhigen Gang der Geschäfte in Deutschland herzustellen oder zu gewährleisten«.[2] Im Namen der Zentrums-Fraktion distanzierte sich Adolf Gröber in der ersten politischen Debatte der Nationalversammlung am 13. Februar von Äußerungen Eberts und Scheidemanns über eine zu schaffende »sozialistische Republik«; solche Begriffe dürften »in Zukunft nicht mehr gebraucht werden«.

Die konservative und nationalliberale Opposition hatte noch anderes im Sinn. So empfahl der völkische Publizist und Mitbegründer des jungkonservativ-nationalistischen *Juni-Klubs* Max Hildebert Boehm der Führung der DNVP, die National-

2 Wie auch die folgenden Zitate entnommen aus: Berichte der Verfassunggebenden Deutschen Nationalversammlung. Bericht und Protokolle des Achten Ausschusses über den Entwurf einer Verfassung des Deutschen Reiches, Berlin 1920.

versammlung müsse zwar einen »Sieg des Proletariats« verhindern, dürfe jedoch nicht »zu einer Verewigung des überständigen westlerischen Parlamentarismus werden«. Und weiter: »Das Endziel, Mattsetzung des Parlamentarismus, kann heute an der Öffentlichkeit noch nicht erörtert werden, taktisch jedoch dürfen wir es keinen Augenblick aus dem Auge verlieren.« Am 25. und 27. Februar stand in der Nationalversammlung das Gesetz über die Bildung einer vorläufigen Reichswehr zur Debatte. Man brauchte eine militärische Schutztruppe – nicht nach außen, dazu war das Ergebnis des Weltkrieges zu eindeutig. Gegen ständige Zwischenrufe angehend, versuchte Alfred Henke, USPD-Abgeordneter aus Bremen, vor der Wiederkehr des alten Militarismus zu warnen. Er bezeichnete das Gesetz als einen weiteren Schritt »auf dem Wege zur Konterrevolution«. Es war der Sozialdemokrat Gustav Noske, der zu beschwichtigen versuchte: Er hoffe, das bloße Vorhandensein der Reichswehr werde ernste Kämpfe im Innern verhindern. Vertretern der bürgerlichen Presse erklärte er offen, es sei gewiss eine teilweise Wiederbelebung des alten Systems, was jetzt gemacht werde.

Harte Wortgefechte prägten die Debatten der Nationalversammlung. Sie hinderten die Abgeordneten jedoch nicht, am 22. Februar einstimmig ein Diätengesetz zu beschließen, das für ihre Tätigkeit in Weimar monatlich 1.000,– Mark als Aufwandsentschädigung, in bestimmten Fällen zusätzliche Tagegelder vorsah. Nahezu alle anderen Abstimmungen über die zwischen dem 6. Februar 1919 und dem 21. Mai 1920 in 180 Sitzungen beschlossenen 149 Gesetze endeten mit einer großen Zahl an Gegenstimmen.

Fortschritt in Grenzen: Die Weimarer Verfassung

Das gilt auch für die Verfassung, über die heftig und eingehend gestritten worden ist. Deren Entwurf lag als Drucksache Nr. 59 vor und wurde am 31. Juli 1919 mit 75 Gegenstimmen verabschiedet. Sie bedeutete alles in allem einen gewichtigen

Fortschritt gegenüber der des Kaiserreiches. In ihr waren – das Klassenkräfteverhältnis reflektierend – wichtige politische, zudem auch eine Reihe sozialer Grundrechte des Volkes fixiert. Nunmehr sollte grundsätzlich Gleichheit aller vor dem Gesetz herrschen. Im Satz: »Die Staatsgewalt geht vom Volke aus« spiegelte sich das demokratische Prinzip der Volkssouveränität, das einst das Bürgertum in seinem Kampf gegen den Feudalabsolutismus und die ausschließliche Souveränität der Fürsten auf seine Fahnen geschrieben hatte. Noch in der Verfassung von 1871 war das Volk nicht einmal einer Erwähnung für würdig befunden worden.

Dennoch lässt sich bereits an diesem Grundsatz erkennen, in welchem Sinne die Mehrheit der Abgeordneten den von Hugo Preuß vorgelegten »Entwurf einer künftigen Reichsverfassung« verändert sehen wollte. Die ursprüngliche, weiterreichende und radikalere, dem Prinzip der Volkssouveränität stärker entsprechende Formulierung »Alle Staatsgewalt liegt beim deutschen Volke« konnte nicht durchgesetzt werden. Aber selbst gegen die abgeschwächte Variante hatten einige DDP- und Zentrumspolitiker Bedenken angemeldet. Auf sie gehen auch andere Veränderungen des Entwurfs zurück. So sollte zunächst der zweite Teil der Verfassung, wenn auch in kürzerer Fassung, am Anfang stehen. Die Regeln der Machtausübung wurden jedoch für wichtiger gehalten als ein Grundrechte-Katalog. In diesem Sinne erfolgte auch die Streichung des Artikels 107 aus dem Entwurf. Dieser hatte vorgesehen, dass die Grundrechte und Grundpflichten »Richtschnur und Schranke für die Gesetzgebung, die Verwaltung und die Rechtspflege im Reich und in den Ländern« bilden. Eine solche Festlegung hätte viel bedeutet, wäre mit ihr doch den demokratischen Rechten des Volkes eine unmittelbar verpflichtende und gesetzliche Kraft zugesprochen worden. Sie hätte von normativer Kraft für die Ausarbeitung von Gesetzen, für die Tätigkeit von Parlamenten, Regierungen, Reichspräsidenten und allen Verwaltungen sein können. Mit ihm wäre eine direkte gerichtliche Überprüfbarkeit des Grundrechtsteils der Verfassung festgeschrieben worden. Doch dagegen liefen die bürgerlichen Parteien Sturm. Sie unternahmen alles, um es möglichst bei nicht einklagbaren Absichtserklärungen zu belassen.

Dass zahlreiche Bestimmungen der Verfassung auch dazu genutzt werden konnten, deren demokratische Substanz zu bekämpfen und schließlich zu vernichten, reflektiert deutlicher als alles andere, in welch hohem Maße die Weimarer Republik ein widerspruchsvolles Ergebnis sowohl der Novemberrevolution als auch des nach wie vor vorhandenen Einflusses der Republik-Gegner darstellte. Ihrer Herrschaftsform nach war sie im wesentlichen zu einem parlamentarisch angelegten Staat mit ausgeprägten präsidialen Zügen geraten, ausgestattet mit einem Regierungssystem, in dem die Exekutivgewalt immer mehr in den Vordergrund der politischen Machtausübung drängte. Schon nach kurzer Zeit hatte die Wirklichkeit von Weimar immer weniger noch etwas mit den demokratischen Grundsätzen der Verfassung gemeinsam, allenfalls mit jenen vieldeutigen und hintersinnigen Formulierungen, die 1919 in sie hineindebattiert worden waren. Der Gedanke, das Volk sei der höchste Souverän, wurde rasch der Vorstellung geopfert, es gebe etwas »Höheres«, sei es nun das »Heil des Ganzen« oder die »Vorsehung«, von der schließlich die deutschen Faschisten sprachen.

Dem stand indessen auch ein mannigfaltiges geistig-kulturelles Leben entgegen, das die mit Revolution und Republik gebotenen Möglichkeiten nutzte, widerspiegelte und verteidigte, so den kritischen Vorkriegs- und Antikriegsgeist fortführend. Aufbruchsideen regten sich und erfassten Menschen aller Lebensbereiche – Künstler, Frauen, Jugendliche, Intellektuelle. In zahlreichen Werken von Schriftstellern, Malern, Baumeistern usw. fand die historische Dimension des Wandels bemerkenswerten Niederschlag. Strikte Ablehnung von Monarchie, Krieg, Militarismus, Deutschtümelei und imperialem Großmachtstreben verband sich mit vehement vorgetragenen Gedanken an eine Zeit notwendiger Veränderungen der Gesellschaft. Menschheitserneuerung wurde verlangt, Neues gesucht und erkundet, kreativ realisiert in Stilrichtungen, die als Expressionismus, Dadaismus, Kubismus, Neue Sachlichkeit u. ä. m. von künstlerischer Andersartigkeit und Radikalität zeugten. Verstaubtes Hoftheater sah sich von moderner Kunst in Frage gestellt, zu der bald auch hervorragende Kinofilme gehörten. Nach neuartiger Verknüpfung von Architektur, bildender Kunst und Kunsthandwerk suchte das 1919 gegründete Bauhaus. Unterstützt von den Arbeiterparteien und Gewerkschaften bemühten sich proletarische Kreise um Formen eines eigenständigen, das Ringen um sozialistische Verhältnisse unterstützenden Kulturbetriebes. Glanzvolle Höhepunkte künstlerischen Schaffens jener Zeit gehören heute zur Weltkultur. Daher wird gern von den »goldenen zwanziger Jahren« gesprochen, auch wenn dieser Begriff nicht die ganze Realität erfasst. Geistiger Neubeginn und Werke von hohem künstlerischem Wert existierten parallel zu einer sich zunehmend rasch ausbreitenden kommerzialisierten Massenkultur, in der sowohl »leichte Kost« als auch kriegsverherrlichende und nationalistische Literatur dominierten. Nicht zuletzt ließ dies auch den tiefen und alltäglich spürbaren Riss erkennen, welcher zu aller Zeit die Gesellschaft der Weimarer Republik prägte.

II.
Weimars innen- und außenpolitische Belastungen

Die heiß umstrittenen Themen des Staatsaufbaus und der Konstituierung des Weimarer Machtsystems lassen erkennen, in welch hohem Maße alle innenpolitischen Entscheidungen auch mit dem Blick auf die neuen internationalen Gegebenheiten erfolgten. Der Frieden wurde von Anfang an in Frage gestellt. Immer ging es neben realpolitischer Anpassung um die Frage, wie und in welchem Tempo neue Voraussetzungen für eine mehr oder weniger rasche Revision der Kriegsergebnisse und einen erneuten »Griff nach der Weltmacht« geschaffen werden können. Das Konzept der Militärs formulierte General Kurt von Schleicher – später der letzte Kanzler der Republik – bereits am 20. Dezember 1918: Zunächst müsse man im Innern wieder eine durchsetzungsfähige Regierungsgewalt schaffen, wobei das mit Hilfe der Soldaten verhältnismäßig schnell gehe. Dann sei eine Gesundung der Wirtschaft möglich, auf deren Schultern »alsdann nach langen, mühevollen Jahren an die Wiedererrichtung der äußeren Macht herangegangen« werden könne. Noch deutlicher äußerte sich General Wilhelm Groener am 19. Mai 1919: »Wenn man um die Weltherrschaft kämpfen will, muss man dies von langer Hand her vorausschauend mit rücksichtsloser Konsequenz vorbereiten. Man darf nicht hin- und herschaukeln und Friedenspolitik betreiben, sondern man muss restlos Machtpolitik treiben.«

Das Versailler Diktat

Allerdings sah sich das Reich ohnmächtig gezwungen, den Versailler Friedensvertrag zu akzeptieren. Der trat am 10. Januar 1920 in Kraft und enthielt eine Vielzahl belastender Bestimmungen, territorialer und militärischer, wirtschaftlicher und juristischer Art. Drastische Sanktionen drohten für den Fall ihrer Nichterfüllung. Die aus imperialistisch-nationalstaatlicher Konkurrenz geborenen und nicht anders als diktatorisch zu nennenden Festlegungen, ferner alle Wiedergutmachungsforderungen sahen sich gerechtfertigt mit der Behauptung, die Mittelmächte seien allein schuldig am Kriege gewesen. Alles zielte auf eine nachhaltige Schwächung des militärisch besiegten Rivalen im Konkurrenzkampf der Großmächte, ohne ihn jedoch in seinen Grundfesten erschüttern zu wollen. Zugleich beruhte das gesamte Versailler Vertragssystem auf den Widersprüchen, die zwischen den Siegermächten existierten und zu einer Nichtbeteiligung der USA geführt hatten. Deutlich trat das die Beteiligten verbindende Interesse an einem möglichst gemeinsamen Vorgehen gegen Russland in Erscheinung. Dessen Ausbrechen aus den traditionellen gesellschaftlichen Verhältnissen, mehr noch das Ausstrahlen auf revolutionäre Bewegungen in den anderen europäischen Ländern wurde – zumeist in demagogisch-drastischer Zuspitzung – als existenzielle Gefahr angesehen.

In Deutschland lehnten alle politischen Kräfte den Frieden von Versailles ab. Die Regierenden suchten ihn zu unterlaufen oder sogar möglichst rasch zu revidieren. Es gab erhebliche Differenzen in den Debatten um die Frage, ob und wenn ja, wie die Reparationen zu leisten sind. Die Parteien der Weimarer Koalition und Wirtschaftsmächtige aus Elektro- und Chemieindustrie sowie des Bank- und Handelskapitals orientierten sich auf eine Politik teilweisen Eingehens auf die Forderungen der Siegermächte. Dieses von ihren Gegnern als »Erfüllungspolitik« diskreditierte Konzept beruhte auf einer realistischen Einschätzung der Lage sowie auf der Hoffnung, in zähen Verhandlungen

Konflikte vor allem zwischen Großbritannien und Frankreich nutzen und Zugeständnisse erwirken zu können. Demgegenüber forderten nationalkonservativ orientierte Kreise im Umfeld von DNVP und DVP, unterstützt von führenden Schwerindustriellen und Großagrariern, eine Politik teilweiser oder völliger Sabotage der von vornherein als unerfüllbar gekennzeichneten Reparationszahlungen. Ihre »Katastrophenpolitik« diente zugleich dem Ziel, unter der deutschen Bevölkerung nationalistisch-revanchistische Stimmungen zu schüren, womit wiederum der Einfluss der Arbeiterparteien beschränkt und das demokratisch-parlamentarisch verfasste System der Weimarer Republik geschwächt werden sollte.

Der Bereitschaft, die neuen innenpolitischen Verhältnisse zu Gunsten besserer außenpolitischer Bedingungen auch mit Gewalt und Terror zu beseitigen, folgten rasche Formierung und illegale Aktivitäten putschistischer Kräfte. Bereits im August 1919 schufen diese mit der *Nationalen Vereinigung* eine Dachorganisation, die alle Aktionen »vaterländischer« und paramilitärischer Verbände koordinierte. Ausgestattet sah sie sich mit erheblichen Mitteln, die auch aus den Schatullen einiger Großindustrieller, u.a. Hugo Stinnes und Fritz Thyssen, stammten. Direkt unter den Augen des sich unbesorgt gebenden Reichswehrministers Noske bereitete sie sich sowohl militärisch als auch politisch auf neue antirepublikanische Aktionen vor. Die relativ kleine, wild zum Losschlagen entschlossene Schar konnte sich in beträchtlichem Umfang auf militärische Kräfte stützen. Sie durften auch mit Unterstützung oder Duldung vieler nationalistisch oder patriotisch gesinnter Deutschen rechnen.

Die für einen Putsch zur Verfügung stehenden Kräfte umfassten neben der Garde-Kavallerie-Schützen-Division der Reichswehr rund 40.000 Angehörige von Freikorps und etwa 13.000 ehemalige »Baltikumer«, die vor allem in Lettland und Litauen ihr Unwesen getrieben und auf ostelbischen Gütern Unterkunft gefunden hatten. Sie träumten – getarnt als Arbeitskommandos – von einem »Marsch auf Berlin«. Den *Einwohnerwehren* gehörten im September 1919 in Preußen über 500.000 und in Bayern etwa 200.000 Mitglieder an. Zahllose Freikorps, soweit sie noch nicht in die Reichswehr überführt oder unter dem Druck der Alliierten aufgelöst worden waren, standen den putschbereiten Militärs fast bedingungslos zur Verfügung. Auch die anfänglich ebenfalls bewaffnete *Technische Nothilfe* stärkte die rechten Bürgerkriegstruppen.

Das militärische Potenzial der Konterrevolution fand reichlich Nahrung: sozial entwurzelte oder gefährdete Offiziere, von Demobilisierung bzw. Arbeitslosigkeit bedrohte Soldaten, Teile der Studentenschaft, Landsknechte und Abenteurer. Sie waren nur allzu bereit, ihren eigenen Unterhalt und Lebenssinn auf Gedeih und Verderb mit dem der Putschisten zu verknüpfen. Erzogen zu erbittertem Hass gegen die Revolution, aufgeputscht gegen alles, was in ihren Augen die »nationale Ehre und Größe« zu beeinträchtigen schien, verblendet von verklärender Darstellung der Verhältnisse in Vorkriegszeiten, folgten sie schon 1920 skrupellos den Befehlen wider den Weimarer Staat. Paul Levi, zeitweilig Vorsitzender der KPD, warnte die Verteidiger der Republik davor, allein auf die Offiziere und deren Verhalten zu schauen. Er sprach von einer »Saat aus Drachenzähnen« und warnte vor einem politischen Lumpenproletariat, das von jedem nehme, der gibt, und jedem zu willen sei, der zahle.

Obgleich uneinig in der Frage, was an die Stelle der Weimarer Republik gesetzt werden sollte, glaubten antirepublikanische Kräfte Aufwind zu verspüren, als die von Sozialdemokraten geführte Regierung am 13. Januar 1920 vor dem Reichstagsgebäude Arbeiter zusammenschießen ließ, die gegen das als unzureichend betrachtete Betriebsrätegesetz demonstrierten. Damit gab sie zu erkennen, sich sozialpolitischem Druck von unten nicht beugen zu wollen, was einher ging mit der Unterschätzung aller Gefahren, die der Republik von rechts drohten. Die Putschisten konnten durchaus auch mit einer gegen die SPD gerichteten

Stimmung in der Arbeiterklasse spekulieren. Lautstark forderten daher Kapp, Lüttwitz und andere Protagonisten des nationalistischen und völkisch-radikalen Lagers eine Neuwahl des Reichstages und des Reichspräsidenten. Zugleich klopften sie markige Sprüche gegen den am 10. Januar 1920 in Kraft getretenen Versailler Vertrag. Die Regierung wurde beschuldigt, grundlos nationale Interessen preisgegeben zu haben und als »Fronvogt der Alliierten«, als deren »Statthalter« und als »Seelenverkäufer« zu fungieren. Ein Jahr nach der Ermordung Karl Liebknechts und Rosa Luxemburgs richtete sich der weiße Terror nunmehr auch gegen solche bürgerlichen Politiker, deren Haltung den Zielen der extrem reaktionären Kreise widersprach. Der führende DNVP-Politiker Karl Helfferich zwang Reichsfinanzminister Matthias Erzberger (*Zentrum*) einen Beleidigungsprozess auf, der vom 19. Januar bis 12. März 1920 stattfand und von schamlosen Morddrohungen sowie von einem Attentat auf Erzberger begleitet wurde. Leider habe es sich bei dem Attentat nur um einen »Fettschuss« gehandelt, höhnte die *Rheinisch-Westfälische Zeitung*, ein Blatt der Schwerindustrie. Schlaglichtartig erhellte diese Entwicklung alle möglichen Folgen einer Politik, die der parlamentarischen Demokratie zu wenig Spielraum und deren Gegnern zu viel davon bot.

Anfang März 1920 glaubten die Putschisten handeln zu müssen, obgleich sie die Situation nicht in jeder Hinsicht als reif genug betrachteten. Sie rechneten sich größere Chancen aus, solange Truppen in beträchtlicher Zahl noch unter Waffen standen und die von den Alliierten auf Grund des Versailler Vertrages geforderte Reduzierung der Reichswehr nicht erfolgt war. Bis zum 1. April sollte das Heer endgültig auf 100.000 Mann verringert werden, sollten die umfangreichen Verbände der Zeitfreiwilligen und Einwohnerwehren aufgelöst sein. Als dementsprechend Noske am 29. Februar anwies, die in Döberitz bei Berlin stationierte und unter dem Kommando des Kapitänleutnants Ehrhardt stehende 2. Marinebrigade aufzulösen, brüskierte Lüttwitz ihn mit einer glatten Weigerung und schließlich sogar mit ultimativen Forderungen nach sofortiger Beendigung der Truppenreduzierung und Neuwahlen.

Rettung der Republik vor Kapp und Lüttwitz

Die Regierung lehnte diese Forderungen ab; ihr blieb angesichts aller innen- und außenpolitischen Bedingungen nichts anderes übrig. Aber es wurde nichts unternommen, um den Putsch bereits im Ansatz zu zerschlagen. Den Einsatz der Reichswehr gegen die Putschisten verweigerte Generaloberst Hans von Seeckt, Chef des Truppenamtes im Reichswehrministerium, mit den Worten: »Truppe schießt nicht auf Truppe«. So zogen am frühen Morgen des 13. März 1920 in Berlin Ehrhardt und seine Truppen mit klingendem Spiel durch das Brandenburger Tor. Wolfgang Kapp, ostpreußischer Generallandschaftsdirektor und Mitglied des Aufsichtsrates der Deutschen Bank, sowie Mitglieder der neuen »Regierung« dekretierten die Auflösung der Nationalversammlung sowie der Preußischen Verfassunggebenden Versammlung. Die Befehlshaber der Reichswehr wurden angewiesen, jene Landesregierungen sofort abzusetzen, die sich nicht zu den Putschisten bekennen wollten. Lüttwitz verhängte den Ausnahmezustand über das Reich, alle Streiks sollten verboten sein. Wer zuwiderhandelte, wurde mit der Todesstrafe bedroht.

Generalstreik war das entscheidende Gebot der Stunde, für Kommunisten, Sozialdemokraten und Gewerkschafter in gleicher Weise, unabhängig von ihren jeweiligen langfristigen Zielen. Bereits am Vormittag des 13. März – unmittelbar nach Bekanntwerden der Vorgänge in Berlin – legten viele die Arbeit nieder. Demonstrationen und Kundgebungen wurden organisiert sowie Vorbereitungen zur Entwaffnung putschistischer Truppen sowie zur Bildung bewaffneter Arbeiterformationen getroffen. Die Führung der Aktionen übernahmen Ausschüsse, Vollzugsräte und Streikleitungen, denen häufig Vertreter aller Arbeiterparteien und der Gewerkschaften angehörten. Geleitet von der Überzeugung, dass ein Sieg der Militaristen blutigen Terror gegen alle revolutionären und demokratischen Kräfte sowie die Beseitigung der Republik mit sich bringen würde, handelten die streikenden Arbeiter weitgehend einheitlich. Dem schlossen sich auch Angestellte, Teile der werktätigen Landbevölkerung sowie Beamte, Gewerbetreibende, Schriftsteller, Künstler, Wissenschaftler, christliche, liberale und andere demokratische Kräfte an. Eine breite Abwehrfront zu Verteidigung der Republik entstand.

Rasch war das ganze Land vom Generalstreik erfasst. Die Produktion lag still, der Verkehr ruhte; nur in lebenswichtigen Betriebe und Einrichtungen wurde gearbeitet. Rund zwölf Millionen Arbeiter und Angestellte bildeten eine Streikfront, die es in diesem Ausmaß in Deutschland noch nie gegeben hatte – und nie wieder geben sollte. Auch die Mehrheit der deutschen Beamten verweigerte sich der Putschistenclique. Sie setzte sich ebenso wie die DDP für die Wiederherstellung der verfassungsmäßigen Zustände ein. Am 17. März mussten Kapp und Lüttwitz abtreten und flohen ins Ausland. Noch am Abend dieses Tages riefen Reichsregierung und SPD-Fraktion der Nationalversammlung zum Abbruch des Generalstreiks auf. Die, die ihre weitere Existenz dem Generalstreik verdankten, setzten Reichswehr, Freikorps und Zeitfreiwillige – darunter sogar aus Ehrhardts Marinebrigade – gegen kämpfende Arbeiter ein, die Konsequenzen aus dem Putsch forderten und sich nicht mit der bloßen Rückkehr der Regierung bescheiden wollten. Die neuen Feldzüge standen unter der Losung »Kampf gegen den Bolschewismus«, kaum anders als zuvor unter Kapp und Lüttwitz.

Die Errichtung einer offenen Militärdiktatur misslang. Zu danken war dies der wirksamen Einheitsaktion deutscher Arbeiterorganisationen. Sie verteidigten die demokratischen und sozialen Errungenschaften der Novemberrevolution. Diese zu erweitern, auszubauen und somit auch vor künftigen Angriffen zu sichern, gelang jedoch nicht. Die Chance eines weiterreichenden Sieges über die Reaktion konnte nicht verwirklicht werden. Es gelang den Rechten unter den Herrschenden sogar, einen Zuwachs an Macht zu erreichen, galt doch jetzt das genaue Gegenteil dessen, was der bürgerliche Pazifist Hellmut von Gerlach gerade in Tagen des Kampfes gegen den Kapp-Putsch mit beschwörenden Worten empfohlen hatte: »Lieber einen Meter zu weit nach links als einen Zentimeter zu weit nach rechts!«

6. Juni 1920: Verhängnisvolle Reichstagswahlen

Die Putschisten zwar geschlagen, der Sieg über Kapp, Lüttwitz & Co. jedoch zerronnen und die Weimarer Republik weiter ungeschützt im Visier rechter Kräfte – so konnte die politische Bilanz linker Kräfte in Deutschland im späten Frühjahr und im Sommer des Jahres 1920 gesehen werden. Bereits die Ergebnisse einiger Landtagswahlen ließen dies deutlich erkennen. Im Vergleich zu den Wahlen zur Nationalversammlung vom 19. Januar 1919 blieb die SPD bei den Reichstagswahlen vom 6. Juni 1920 zwar stärkste Partei, verlor aber 5,9 Millionen Stimmen. Mehr als die Hälfte der früheren Wähler kehrte ihr den Rücken. Die DDP verlor 3,5 Millionen Stimmen. Nur die Verluste der Zentrumspartei hielten sich in Grenzen; dass sie 1,3 Millionen Stimmen weniger erhielt, war auf die Konstituierung ihres bayerischen Landesverbandes zu einer eigenständig agierenden Partei zurückzuführen. Hatten sich zuvor die drei Parteien der Weimarer Koalition auf etwa 76 % der Abgeordneten stützen können, verfügten sie nun nicht einmal mehr über die absolute Mehrheit. Zusammen erhielten sie lediglich 43,6 % der Stimmen und verfügten nur noch über 205 von 459 Sitzen. Bis zum Ende der Weimarer Republik konnten sie nie wieder die Mehrheit erringen.

Auf der linken Seite des Parlaments verbuchte allein die USPD Gewinne, erhebliche sogar: Ihr Anteil stieg von 7,6 % auf 17,9 %, wobei sie in stark industrialisierten Regionen zu punkten vermochte: In Merseburg kam sie auf 45,2 %, in Berlin auf 42,7 %. In den Städten mit über 100.000 Einwohnern stimmte jeder Vierte für sie. Für die sich erstmalig an den Wahlen beteiligende KPD hatten sich 2,1 % der Wähler entschieden, darunter 9,2 % im sächsischen Industriegebiet um Chemnitz und Zwickau sowie 5,1 % im westlichen Ruhrgebiet. Clara Zetkin und Paul Levi vertraten sie im Reichstag.

Das Ergebnis der Reichstagswahlen entsprach insgesamt vor allem den Wünschen und Hoffnungen der Rechtskräfte. Sie hatten der Regierung des Sozialdemokraten Hermann Müller – er war am 27. März an die Stelle von Reichskanzler Gustav Bauer, ebenfalls von der SPD, getreten – abgetrotzt, dass der ursprünglich für den Herbst 1920 geplante Wahltermin vorgezogen wurde. Noch »vor der Ernte« solle gewählt werden, und selbst die Tatsache, dass in einigen Gebieten Ostpreußens, Oberschlesiens und Schleswig-Holsteins wegen ausstehender Entscheidungen über ihre staatliche Zugehörigkeit zum Reich nicht gewählt werden konnte, wurde in Kauf genommen.

Der Wahlkampf fand in einem aufgeheizten politischen Klima statt. Die DVP trat mit der Parole hervor, es gelte, Bürgerkrieg und Inflation zu verhindern. Sie plakatierte: »Von roten Ketten macht euch frei allein die Deutsche Volkspartei«. Das Zentrum wiederum stellte sich als »einzigen Damm gegen die rote Flut« dar. Die DNVP, durch die aktive Mitwirkung vieler ihrer Führenden am Kapp-Putsch in eine Krise geraten, setzte sich einerseits für die Straffreiheit von Kapp und Konsorten ein, wollte aber andererseits alles tun, um künftig eine »Desperadopolitik« und damit eine Bedrohung der »Einheitsfront gegen den Bolschewismus« zu vermeiden. Entsprechend groß geriet der Zuwachs, den die bürgerlichen Rechtsparteien DVP und DNVP erleben durften. Sie erhöhten ihre Stimmanteile von 4,4 % auf 13,9 % bzw. von 10,3 % auf 15,1 %. Sie besetzten nun 136 Sitze statt der 63 in der Nationalversammlung. Manche frühere SPD-Wähler waren vermutlich direkt ins Lager der DNVP geschwenkt: Von den 15 Wahlkreisen, in denen die Sozialdemokratie die größten Verluste aufzuweisen hatte, gehörten zehn vorwiegend ländlich geprägte zu denen mit den größten Stimmengewinnen der Deutschnationalen. Diesen und der DVP kamen vor allem die Enttäuschung über den ausbleibenden Schutz der Republik, aber auch eine penetrant geschürte Furcht vor linksradikalen Aufständen zugute. Unzufriedenheit und Unentschiedenheit, Empörung und Apathie ließen viele zu Hause bleiben. Die Wahlbeteiligung hatte sich gegenüber den Wahlen eineinhalb Jahre zuvor um mehr als vier Prozentpunkte verringert.

Das Vertrauen in die Weimarer Republik erwies sich als arg erschüttert, war deren Führung doch dem Putsch weder vorbeugend noch energisch entgegengetreten. Sie tat auch nun kaum etwas, um die Akteure zu bestrafen und ihnen für weitere Aktionen das Wasser abzugraben. Erwartungsgemäß fielen bald die 700 der Generäle und Offiziere, die sich aktiv am Putsch beteiligt hatten und gegen die von der Justiz Verfahren eingeleitet worden waren, unter die am 4. August 1920 verkündete Amnestie. Demgegenüber hatten Richter bis Mitte Juli bereits 822 Arbeiter wegen ihres Kampfes gegen den Putsch zu insgesamt 1088 Jahren Zuchthaus oder Gefängnis verurteilt.

So zeigte sich die Chance vertan, Demokratie und Parlamentarismus zu stärken sowie einen neuen Schritt zur Überwindung des kapitalistischen Wirtschafts- und Gesellschaftssystems zu gehen. Jene, die der Verfassung und der parlamentarischen Demokratie ins Leben verholfen hatten, sahen sich zurückgedrängt, ihre Gegner, denen die Republik von Anfang an nicht gepasst hatte, hingegen bestärkt. Andererseits fiel die nationalistische, den Siegern des Weltkrieges alle Schuld aufladende Propaganda der Rechten auf einen fruchtbaren Boden. Unter großen Teilen der Deutschen – auch in der Arbeiterklasse – hatte sich ein beträchtlicher Stimmungsumschwung vollzogen. Die Begeisterung über den Sturz der Monarchie und das Kriegsende, ihre Hoffnungen auf neue gesellschaftliche Verhältnisse waren einer Ernüchterung gewichen. Wirtschaftsmacht und Staatsgewalt dominierten wie zuvor. Dem anfänglichen politischen und geistigen Aufbruch war 1919/20 Enttäuschung gefolgt, manche zeigten sich niedergeschlagen und resignierten, einige setzten ganz und gar auf eine verworrene Suche nach völlig anderen Lösungen.

Weil die Mehrheitssozialdemokraten noch immer die stärkste Fraktion im Parlament bildeten, beauftragte Reichspräsident Ebert den amtierenden Kanzler mit der Neubildung eines Kabinetts. Müller suchte die USPD für die Beteiligung an der Regierungsverantwortung zu gewinnen, doch deren Bedingungen anzunehmen war er nicht bereit. Andererseits wollte er keine Koalition mit der DVP und musste auch berücksichtigen, dass in seiner Partei sich Stimmen für einen Prozess der Regenerierung aussprachen, um sich neu und besser gegen die politischen Gegner formieren zu können. Er gab den Auftrag zur Regierungsbildung zurück. Schließlich gelang es dem *Zentrum*, ein rein bürgerliches Kabinett unter Einschluss der DVP und ohne die SPD zu bilden, allerdings unter der verabredeten Voraussetzung, dass sich die sozialdemokratische Fraktion beim Vertrauensvotum im Reichstag der Stimme enthalten werde. Am 25. Juni 1920 ernannte Ebert den badischen Zentrumspolitiker Konstantin Fehrenbach, der Präsident der Nationalversammlung gewesen war, zum neuen Reichskanzler.

Der Wahltag vom 6. Juni 1920 gehört zu den entscheidenden Wendepunkten in der Geschichte der Weimarer Republik. Der bürgerlich-demokratische Parlamentarismus, wie er als Ergebnis der Novemberrevolution Gestalt angenommen hatte, begann sich zu wandeln, sich mehr und mehr in der Wolle der Konservativen zu färben.

»Der Feind steht rechts!«

Zugleich begannen die rechtslastigen Gegner von Demokratie und Republik sich neu in zahlreichen Parteien, Bünden, Orden, Vereinen usw. zu organisierten. Darin war mehr zu sehen als nur eine Randerscheinung. Völkisch-radikales und antisemitisches Denken reichte weit bis in die Mitte der deutschen Gesellschaft. Auf diesem Boden wirkten auch paramilitärische Verbände. Als die Alliierten kategorisch forderten, die in Gestalt lokaler und regionaler Bürgerwehren und als Reserve der zahlenmäßig zu reduzierenden Reichswehr entstandenen *Einwohnerwehren* aufzulösen, was die Reichsregierung am 8. April 1920 beschloss und in Bayern erst im Jahr darauf erfolgte, da ging ein großer Teil der etwa eine Million Mitglieder zu den Freikorps und militärisch organisierten Verbänden über. Noch in den Tagen des Kapp-Putsches formierte sich aus einem Freikorps der *Jungdeutsche Orden* (Jungdo), der unter Führung von Arthur Mahraun stand und bald etwa 200.000 Mitglieder umfasste. Korporativ schloss sich dieser Jungdo der Organisation des bayerischen Forstrats Georg Escherich (*Orgesch*) an. Ihr Chef agierte als eine Art Zentralfigur der gesamten konservativ-nationalistischen Szene, ausgestattet mit besten Verbindungen zu den Rechtsparteien und zu Wirtschaftskreisen. Als eine »Ordnungszelle« – so verstand das Land Bayern seine Funktion für Deutschland, die Konflikte des Landes mit dem Reich in Kauf nehmend.

Wegbereitend wirkte auch der im Juli 1920 geschaffene *Deutsche Hochschulring* mit seinem Bestreben, alle rechtsgerichteten studentischen Gruppierungen zu sammeln. Er erfasste bald etwas mehr als drei Viertel aller Studierenden. Von Bedeutung sollte nicht zuletzt die Gründung jener Organisationen werden, die unmittelbar der nationalistisch-revanchistischen Propaganda gegen den Versailler Vertrag dienten. Bereits 1919 entstand der *Deutsche Schutzbund*, dem 120 Grenz- und auslandsdeutsche Verbände angehörten. Im Herbst 1920 entstanden der *Deutsche Ostbund* und der *Bund der Saarvereine*, die sich das Ziel setzten, die Grenzen Deutschlands vor allem im Osten zu revidieren. Als zentrale Einrichtung zur Finanzierung und Koordinierung aller Deutschtumsorganisationen und -institutionen in den Gebieten, die dem Versailler Vertrag entsprechend von Deutschland abgetrennt worden waren, gründete die Regierung am 22. November 1920 die halbstaatliche *Deutsche Stiftung*, die sich aktiv darum bemühte, vor allem in Polen eine chauvinistisch-revanchistische deutsche Bewegung, die so genannte Irredenta zu schaffen. Im Frühjahr 1921 trat mit dem *Arbeitsausschuss Deutscher Verbände* ein neuer und mächtiger Dachverband in Erscheinung. Ihm gehörten zunächst etwa 500, später sogar fast 2.000 einzelne Organisationen an, die sich alle propagandistisch mit dem Vertrag von Versailles befassten und insbesondere dessen Artikel 231 bestritten, in dem Deutschland die alleinige Schuld am Kriege zugewiesen worden war und der festlegt hatte, das Reich sei verantwortlich zu machen für alle Verluste und Schäden der Siegermächte.

So ermuntert, gefördert durch die Aktionen militaristischer, chauvinistischer und monarchistischer Kreise, tauchten 1919/20 erstmals auch faschistische Politiker und Organisationen auf der politischen Bühne der Republik auf. Sie gingen in ihren Forderungen und Wünschen noch viel weiter als DVP und DNVP. Dabei wendeten sie deren reaktionäres Gedankengut ins Extreme, verachteten jede taktierende Vorsicht und gingen sowohl innen- als auch außenpolitisch entschieden auf Konfrontationskurs. Der sich zunächst in einer Vielzahl von Organisationen unterschiedlichster Art formierende Frühfaschismus, dessen herausragende Erscheinungsform und wichtigster Bestandteil in Deutschland schließlich die *Nationalsozialistische Deutsche Arbeiterpartei* werden sollte, wurzelte stark in der fehlenden Bereitschaft großer Teile der Deutschen, die Realität von Kriegsniederlage und die Republik anzuerkennen. In ihm spiegelte sich ebenso der Widerwille einiger Teile der Bourgeoisie, von Junkern und auch weiter Kreise der Mittelschichten gegenüber parlamentarisch-demokratischen Verhältnissen, auch gegenüber den von proletarischen Kräften erkämpften Möglichkeiten, sich zu organisieren und für eine von ihnen zu bestimmende Zukunft einzutreten. Im Mittelpunkt ihre Wollens stand ein rigoroser Kampf gegen die gesamte Arbeiterbewegung. Der faschistische Antimarxismus und Pseudosozialismus – eng verflochten mit Antiliberalismus, Antiparlamentarismus und barbarisch-chauvinistischer Kulturfeindlichkeit – bediente sich einer neuartigen

Kombination von offenem Terror und rassistischem Nationalismus. Er knüpfte an weit verbreitete antisemitische Stimmungen und Vorbehalte an, was viele Menschen in die Fänge der Nazis geraten und glauben ließ, nur in der Verfolgung, Vertreibung und schließlich auch in der Vernichtung der Juden liege die Voraussetzung für einen grundlegenden Wandel der sozialen und politischen Verhältnisse.

Gerade im Antisemitismus, im Herausstellen eines »Sündenbocks« in Gestalt der jüdischen Teile der deutschen Bevölkerung sahen die rechtesten unter den Reaktionären ein Erfolge versprechendes Mittel, die für sie so bedrohlich aufgebrochenen Gegensätze zu überspielen, aus Klassengegensätzen solche der Rassen zu konstruieren und leichtgläubige, unwissende und haltlose Menschen irre zu führen. Ihnen schien sich darin eine Möglichkeit zur Überwindung der Krise abzuzeichnen, und zwar auf Kosten einer Gruppe, die lediglich 0,9 Prozent der Bevölkerung ausmachte, allerdings im öffentlichen Leben – etwa in der Presse, in Kunst und Politik sowie unter Ärzten und Rechtsanwälten – überdurchschnittlich in Erscheinung trat. Insgesamt umfasste dieses Spektrum am rechten Rand in den ersten Jahren der Weimarer Republik mehr als 200 Vereine und ähnliche Organisationen, die jedoch häufig nur regionale oder sogar lediglich lokale Bedeutung erlangten. Dennoch war unverkennbar: Hier entstanden neue Potenziale, die unterschiedslos alle reaktionären Leitbilder der Vergangenheit aufgriffen, sie den neuen Verhältnissen anpassten und ein Programm künftiger Kämpfe um eine deutsche Vorherrschaft in Europa und der Welt ausarbeiteten.

»Katastrophenpolitik« in Aktion

Vor diesem Hintergrund entfaltete sich in den frühen 20er Jahren eine Welle politischer Morde. Über sie berichtete der Mathematiker Emil Julius Gumbel in seiner 1922 erschienenen Publikation *Vier Jahre politischer Mord*. Hier zählte er 354 politische Morde auf, die von rechten Kräften ausgeführt wurden, sowie von 22 Mordtaten, die Linke begangen haben. Es charakterisierte die gesellschaftlichen Verhältnisse, wie die Justiz darauf reagierte: Auf der einen Seite standen Strafen in Höhe von 90 Jahre und zwei Monaten Einsperrung, 730 Mark Geldstrafe und in einem Falle lebenslängliche Haft. Auf der anderen Seite hingegen: zehn Erschießungen, 248 Jahre und neun Monate Einsperrung sowie drei lebenslängliche Zuchthausstrafen. Auch diese Zahlen widersprechen der These, es habe in Deutschland zu dieser Zeit ein Bürgerkrieg stattgefunden, es handelte sich eher um einen Krieg, den rechte bürgerliche Kreise gegen andere Bürger des Staates führten.

Hatte zunächst der Terror vor allem Persönlichkeiten der Arbeiterbewegung gegolten, so richtete er sich bald auch gegen bürgerliche Politiker, die sich auf die Realität bestehender Verhältnisse einzustellen bereit zeigten. Die *Organisation Consul* sah alles Übel in einer Person konzentriert: Matthias Erzberger. Das Mitglied der Zentrumspartei hatte während des Krieges die Fronten gewechselt und war ein Politiker geworden, dessen Initiative zur »Friedensresolution« von 1917 geführt und dessen Unterschrift den Waffenstillstand vom 11. November 1918 besiegelte. Als Reichsfinanzminister (Juni 1919 bis März 1920) setzte Erzberger auch die Finanzhoheit des Reiches und Ansätze einer zentralen Steuerverwaltung durch – ein Graus für alle dem Föderalismus frönenden Landesfürsten. Kriegsgewinnler schimpften nach dem »Reichsnotopfer« vom Dezember 1919, das alle privaten Vermögen über 5.000 Mark betraf, Erzberger sei ein »konfiskatorischer Sozialist«. Am 26. August 1921 wurde Erzberger ermordet. Danach gerieten Joseph Wirth vom linken Flügel der Zentrumspartei und Walther Rathenau ins Visier. Gegen den einen hieß: »Knallt ab den Walther Rathenau, die gottverfluchte Judensau!«, gegen den anderen: »Haut immer feste auf den Wirth! Haut seinen Schädel, dass es klirrt!«

Mitte Mai 1921 wurde Wirth als Reichskanzler berufen. Er übernahm ein schweres Erbe: Die seit der Revolution erste rein bürgerliche Regierung unter dem rechten Zentrumspolitiker Konstantin Fehrenbach hatte angesichts eines von den Siegermächten angekündigten Ultimatums demissioniert und sich im Grunde ihrer Verantwortung entzogen. Sie hatte zuvor, bildlich gesprochen, ein wenig mit dem Feuer gespielt und die Siegermächte zu provozieren versucht. Man sei bereit, statt der verlangten 226 Milliarden Goldmark bei großzügiger Gewährung internationaler Anleihen 30 Milliarden an Reparationen aufzubringen. Das konnte nicht anders denn als gezielter Affront aufgefasst werden. Dennoch wurde die Höhe der deutschen Verpflichtungen auf 132 Milliarden Goldmark herabgesetzt, die in 37 Jahresraten gezahlt werden sollten. Verlangt wurde indessen die strikte Erfüllung dieser Forderungen, deren Höhe laut Versailler Vertrag bis zum 1. Mai 1921 festgelegt sein sollte, und mit Sanktionen gedroht.

Nüchterne Politik hätte die Einsicht in die internationale Machtlosigkeit Deutschlands und Verhandlungsbereitschaft verlangt. Stattdessen wollten die Gegner einer »Erfüllungspolitik« durch abenteuerliche Zuspitzung des politischen Verhältnisses zu den Westmächten deren weiteres Einlenken in der Reparationsfrage erreichen. Schwerindustrielle und großagrarische Kräfte, unterstützt von Politikern insbesondere der DNVP, sprachen sich für eine direkte und sofortige Absage Deutschlands der Forderungen der Alliierten aus. Ihr Kurs kalkulierte eine militärische Besetzung deutscher Gebiete ein und nahm ebenso die daraus für die Bevölkerung erwachsenden katastrophalen Folgen in Kauf. Um wirksamen Druck auf Frankreich und England ausüben zu können, sollten im Reich maßloser Nationalismus geschürt, andere innenpolitische Verhältnisse geschaffen und faktisch eine Form von Militärdiktatur angestrebt werden. Vor allem in ihren gebetsmühlenartig wiederholten Warnungen vor dem Kommunismus sahen sie günstige Ausgangspositionen für die anstehenden Verhandlungen mit den Westmächten.

Die allerdings scheiterten, ja mussten scheitern. Die Risiken eines militärisch nicht zu verhindernden Schlages gegen Deutschland waren zu groß, hätten sie doch auch das wirtschaftliche Kräfteverhältnis zugunsten insbesondere des französischen Kapitals verändert. Wenige Stunden vor Ablauf des Ultimatums akzeptierte daher am 10. Mai 1921 im Reichstag eine Mehrheit von 220 gegen 172 Stimmen für die Annahme des Ultimatums. Eine neue Regierung konnte berufen werden, wiederum auf der Grundlage von Vereinbarungen zwischen dem *Zentrum*, der DDP und der SPD. Die *Weimarer Koalition* hatte nun die eingebrockte Suppe auszulöffeln; sie musste die Reparationsforderungen akzeptieren und klären, wie sie zu leisten sind, ohne allerdings den eigenen, flexibleren Kurs zum Unterlaufen des Versailler Friedensvertrages aufgeben zu wollen.

Wirth stand dieser Regierung vor, in einem Alter von 52 Jahren der jüngste unter den bisherigen Kanzlern. Er sprach von einer »Politik der Versöhnung« und versuchte, mit 15 rasch fertiggestellten Entwürfen für neue Steuergesetze die Erfüllungspolitik auf eine einigermaßen abgesicherte Basis zu stellen; abgesichert vor allem durch Erhöhung der Massensteuern sowie der Einfuhrzölle. Der sozialdemokratische Wirtschaftsminister Robert Schmidt schlug hingegen vor, jeweils 20 Prozent der Sachwerte des ländlichen Grundbesitzes, beim Hausbesitz sowie bei industriellen und kaufmännischen Unternehmungen aller Art einschließlich der Banken zugunsten des Reparationsfonds zu enteignen. Man könne es der Bevölkerung nicht zumuten, ein Steuerpaket von 80 Milliarden zu schlucken, bei dem »nur ein kleiner Betrag den Besitz belaste.« Gegenüber der bürgerlichen Mehrheit liefen solche Pläne jedoch ins Leere. Selbst zaghafte Ansätze einer reparationspolitischen Belastung der Großindustrie stießen auf den lautstarken Protest der Rechtskräfte. In deren Presse wurden Kapitalflucht und Steuerhinterziehung offen gerechtfertigt.

Schon Ende 1921 sah sich die Wirth-Regierung unter dem Druck nationalistischer, die Entscheidung des Völkerbundes über eine Teilung Oberschlesiens nutzender Kräfte zum Rücktritt gezwungen. Wenige Tage später wurde sie jedoch von Reichspräsident Friedrich Ebert in unwesentlich veränderter Zusammensetzung erneut berufen, lediglich die DDP war nicht mehr vertreten. Die »Erfüllungspolitik« konnte fortgesetzt werden. Erste Erfolge schienen auch erreicht, als sich die Westmächte auf eine vorläufiges Moratorium für die Reparationszahlungen einließen und die Absicht bekannt gaben, im April 1922 in Genua eine Konferenz aller europäischen Staaten über den wirtschaftlichen Wiederaufbau des Kontinents durchzuführen. Als Erfolg galt auch der Vertrag von Rapallo, den die deutsche Regierung am 16. April 1922 mit Sowjetrussland abschloss, bot er doch eine gewisse Erweiterung des außenpolitischen Spielraumes.

Mit der Unterzeichnung dieses Vertrages durch den im Januar zum Reichsaußenminister berufenen Rathenau schien für seine hasserfüllten Gegner schien jedoch das Maß voll zu sein. Er hatte zu den Mitbegründern der DDP gehört, war im April 1920 Wirtschaftsfachberater der Zweiten Sozialisierungskommission geworden, die zwar allen revolutionären Bemühungen den Wind aus den Segeln nehmen sollte, aber nach neuen Formen kapitalistischen Wirtschaftens suchte. Dass er für eine Rohstoffbewirtschaftung eintrat, wurde ihm als Wirtschaftsdiktatur oder gar als kommunistisch angekreidet. Ihm legte man auch alle Schwächen, alle Misserfolge und Wirkungen der sogenannten Erfüllungspolitik gegenüber den Reparationsforderungen der Siegermächte zur Last. Rathenau galt seinen Feinden als Repräsentant der ungeliebten republikanischen Verhältnisse, als einer, in dem sich das »System« von Weimar zu verkörpern schien. Noch dazu war er Jude, den sie generell zu bekämpfen – mit welchen Mitteln auch immer – für berechtigt hielten.

Am 24. Juni 1922 wurde Rathenau ermordet. Rasch vermutete man die Urheber in der *Organisation Consul*, was den Tatsachen entsprach. Millionen Deutsche, kaum dass sich die schockierende Nachricht von der Ermordung Rathenaus verbreitet hatte, verliehen ihrer Empörung lautstarken Ausdruck, übereinstimmend im Protest und in den Forderungen nach einer strikten Verurteilung der Mörder sowie nach einem wirksamen Schutz der Republik. Am 25. Juni trat der Reichskanzler vor dem Reichstag mit einer nachdrücklichen Verurteilung des Mordes und der klaren Benennung ihrer Urheber auf. An die Adresse der Abgeordneten auf der rechten Seite des Parlaments gerichtet, sagte Wirth: »Da steht der Feind, der sein Gift in die Wunde des Volkes träufelt. Da steht der Feind – und darüber ist kein Zweifel: Dieser Feind steht rechts.«

Im Berliner Lustgarten fand am 25. Juni die größte aller bisherigen Massendemonstrationen statt. Auch in zahlreichen anderen Städten gab es Protestveranstaltungen, zumeist friedlich. Und das trotz aufgeheizter Stimmung, die u. a. in der Parole »Bis hierher und nicht weiter!« zum Ausdruck kam. Auf dem in Leipzig stattfindenden Bundeskongress der Freien Gewerkschaften forderte der kommunistische Delegierte Jakob Walcher den Bundesvorstand zu energischen Aktionen auf. Vom politischen Streit zwischen den proletarischen Parteien sei abzulassen – dieser Gedanke führte nach heftigen Auseinandersetzungen zur Empfehlung des Kongresses, am 27. Juni überall die Arbeit einzustellen und öffentliche Protestkundgebungen zu organisieren. Gemeinsam unterzeichneten ADGB, SPD, USPD, KPD und der freigewerkschaftliche *Allgemeine freie Angestelltenbund* (AfA-Bund), ein Manifest mit dem wegweisenden Titel: Zur Verteidigung der Republik und der Grundrechte der Arbeitnehmerschaft«. Darin wurden Regierung und Reichstag aufgefordert, gesetzliche Maßnahmen zu fixieren und die monarchistische Agitation zu bestrafen. Alle Behörden, einschließlich der Gerichte und der Reichswehr sollten von antirepublikanischen Elementen gesäubert werden. Dem Manifest folgte ein weiterer gemeinsamer Aufruf, vor dem Beginn der parlamentarischen Verhandlungen über ein Republikschutzgesetz erneut für kurze Zeit die Arbeit niederzulegen und »in geschlossenen Massen auf Straßen und Plätzen« zu demonstrieren.

Wie im März 1920 überwog unter den Arbeiterorganisationen der Gedanke an Zusammenarbeit und einheitliches Auftreten. Auch wenn es paradox zu sein schien: der tote Unternehmer und Minister Rathenau geriet zeitweilig zu einer Art Integrationsfigur vieler Organisationen der Arbeiterbewegung.

Nach heftigen Wortgefechten nahm eine Mehrheit des Reichstages am 18. Juli das Gesetz zum Schutz der Republik an. Jedoch waren einige der ursprünglichen Forderungen entschärft und ausgerechnet jene Bestimmungen entfernt worden, die sich ausschließlich gegen die rechtsradikalen Verbände gerichtet hatten. In der Handhabung und Umsetzung des Gesetzes erwiesen sich seine Grenzen. Streit entbrannte sofort über die im Gesetz festgelegte Schaffung eines Staatsgerichtshofes. Die bayerische Landesregierung – in deren Machtbereich sich die meisten der terroristischen Republikfeinde organisiert hatten und relativ frei bewegen konnten – verweigerte die Anerkennung der neuen Einrichtung. Sie setzte die Existenz ihrer Sondergerichte durch, die gegen die Arbeiterbewegung ins Leben gerufen worden waren. Mit der Durchführung des Republikschutzgesetzes beauftragte sie ausgerechnet einen Minister aus der DNVP, deren Führer offen gegen Rathenau gehetzt und faktisch dessen Ermordung vorbereitet hatten. Dass die Handhabung dieses Gesetzes gegen rechts halbherzig ausfiel, geriet der Weimarer Republik zum Schaden, die schließlich am Übermaß jener Chancen zugrunde gehen sollte, die den ausgesprochen rechten Parteien zuteil wurden. Den Rechtsextremisten jener Zeit bot sich Spielraum, weil Rechte ebenso wie manche der so genannten Mittelparteien hofften, sie in eigene Machtambitionen einbinden und gleichsam als Juniorpartner gegen die Linken nutzen zu können.

Von Wirth zu Cuno

Weil sich im Sommer 1922 – nach der Verabschiedung des Republikschutzgesetzes und dem Verbot einiger völkisch-radikaler Terrororganisationen – das politische Kräfteverhältnis etwas nach links zu verschieben begann, sahen alle rechten und rechtsextremen Kreise die Zeit zu neuen Attacken gekommen. Sie befürchteten zudem, durch den am 24. September erfolgten Zusammenschluss von SPD und jenen Teilen der USPD, die sich nicht wie der linke Parteiflügel Ende 1920 den Kommunisten zugewandt hatten, könnte der Einfluss linker sozialdemokratischer Politiker anwachsen. Eine nun mögliche Erweiterung der Regierung nach links lehnten die bürgerlichen Parteien ab. Schon am 19. Juli 1922 hatten sich die Fraktionen der DVP, des *Zentrums* und der DDP zu einer *Arbeitsgemeinschaft der verfassungstreuen Mitte* zusammengeschlossen. Unter den bürgerlichen Parteien tauchte die Forderung auf, unbedingt auch die DVP in die Regierung einzubeziehen. Wirth stand auch unter dem Druck der katholischen Kirchenfürsten, in deren Reihen er als »Staatsmann traurigster Sorte« bezeichnet wurde, habe er doch »dem Bolschewismus die Hintertüre nach Deutschland geöffnet.« Zentrumspolitiker warfen ihm eine zu große »Anhänglichkeit« an die Sozialdemokratie vor.

Erneut gingen die »Katastrophenpolitiker« in die Offensive. Im Vordergrund der Auseinandersetzungen unter den ökonomisch und politisch Herrschenden stand das Für und Wider einer Beendigung der alles in Deutschland erschütternden Inflation. Das Mittel einer umfassenden Geldentwertung wurde systematisch und bewusst wirtschaftlichen und politischen Zielen untergeordnet. Nach außen sollte damit demonstriert werden, dass Deutschland nicht in der Lage sei, die auferlegte Last der Reparationen zu schultern. Nach innen richtete es sich auf eine faktische Enteignung derer, die Kriegsanleihen gezeichnet hatten, und all derer, die kaum oder überhaupt nicht über sogenannte Sachwerte verfügten. Im Ergebnis internationaler Anleihen, um die Wirth sich bemühte, hätte sich die rasant fallende deutsche Währung leichter stabilisieren lassen, doch dadurch wäre dem gewinnträchtigen Export zahlreicher Industrieller der Boden entzogen worden. Es war insbesondere der Großindustrielle Hugo

Stinnes, der gegen die auf Ausgleich mit den Westmächten bedachte Politik Wirths Sturm lief und dennoch zugleich begann, auf eigene Faust und gleichsam »private« Außenpolitik betreibend mit Vertretern der französischen Schwerindustrie über die Bildung eines lothringisch-rheinisch-westfälischen Montantrustes zu verhandeln.

Aus dem – in sich ebenfalls zerstrittenen – *Reichsverband der Deutschen Industrie* (RDI), dem Spitzenverband der industriellen Unternehmerverbände, gab es nicht nur Vorstöße, die sich gegen den in der Revolution erkämpften Achtstundenarbeitstag richteten, sondern auch Forderungen für allgemeine wirtschaftliche Reformmaßnahmen, die zu einer »produktivere(n) Ausgestaltung der allgemeinen Arbeitsleistungen« sowie zum Bruch mit dem »System der geringen Leistung und unfreien Wirtschaft« führen sollten. Bewusst wurde die innen- und außenpolitische Situation zugespitzt. RDI und Reichsbank riskierten eine Machtprobe und verlangten, die Klärung der Währungsfrage – obgleich im Sommer 1922 die eigentliche Hochphase der Inflation einsetzte – zurückzustellen zugunsten reparations- und sozialpolitischer Vorstöße.

Am 9. November 1922 trat Hugo Stinnes – mächtigster Unternehmer im Reich und DVP-Reichstagsabgeordneter – vor dem Wirtschafts- und finanzpolitischen Ausschuss des Vorläufigen Reichswirtschaftsrates mit einer Rede auf, die Zeitgenossen als »offene Kriegserklärung an die Erfüllungspolitik« charakterisierten. Sie richtete sich gegen jeglichen Kompromiss des deutschen Staates mit Frankreich. Er forderte, dass die deutschen Arbeiter erst täglich zwei Stunden mehr arbeiten müssten, bevor überhaupt die Möglichkeit bestehe, »irgend etwas für Reparationszwecke, für Entschädigungszwecke an das Ausland geleistet« werden könne. Am 11. November übermittelte das Direktorium der Reichsbank dem Reichskanzler eine Vielzahl von Bedingungen, die erfüllt sein müssten, bevor mit 500 Millionen Goldmark die Währung zu stützen sei. Da wurden »Reformen« verlangt, die wesentliche sozialpolitische Errungenschaften und das Streikrecht der Arbeiter betrafen: »Verbesserung der Arbeitszeitgesetze zur Erzielung gesteigerter Arbeitsleistung, Schutz der Arbeit gegen Terror, Zulassung von Überstunden und Akkordarbeit [...] Beseitigung der Zwangsbewirtschaftung«.

Um dies erreichen zu können wurde immer nachdrücklicher gefordert, auch die DVP in die Regierung einzubeziehen und eine Große Koalition zu schaffen. Darauf konnte die Sozialdemokratie jedoch nicht eingehen, selbst wenn dies einigen ihrer Führer als sinnvoll erschien. Eine Mehrheit von 75 Prozent ihrer Reichstagsfraktion sprach sich dagegen aus. Sie erblickte – ganz im Gegensatz zu Vorwürfen, nur eine kurzsichtige Parteitaktik zu betreiben – in der Zusammenarbeit mit der DVP keine Garantie für eine Sozialdemokratie, die doch auf ihre Fahnen geschrieben habe, eine vernünftige wirtschaftliche Ordnung anzustreben und deren »Leitstern« es sei, für das Recht jedes arbeitenden Menschen einzutreten, ein menschenwürdiges Dasein zu führen. Zudem machten die Mehrheitsverhältnisse im Parlament keinen Regierungswechsel erforderlich. Dennoch beharrten die bürgerlichen Parteien auf einer Erweiterung des Kabinetts nach rechts.

Am 14. November 1922 gab Wirth dem Druck nach und trat zurück. Berufen wurde Wilhelm Cuno, ein Mann aus den Reihen der Wirtschaftseliten des Reiches und zugleich der DVP nahestehend, aus der er 1920 wegen derer zögerlichen Haltung zum Kapp-Putsch ausgetreten war. Demonstrativ stellte sich der RDI hinter die bis dahin reaktionärste und am stärksten direkt mit Repräsentanten der Bourgeoisie besetzte Regierung der Weimarer Republik. Das sogenannte *Kabinett der Persönlichkeiten* ging nicht aus einer Koalitionsvereinbarung der Parteien hervor; seine Inthronisierung erfolgte nur nach einer Absprache mit dem Reichspräsidenten – wider parlamentarische Spielregeln ohne eine Mehrheit des Reichstages hinter sich zu wissen.

III.
1923: Jahr weitreichender Entscheidungen

Die Politik Cunos sollte bald zur Besetzung des Ruhrgebietes durch französische und belgische Truppen und in eine Beinahe-Kriegszeit führen. Für das Jahr 1923 – eines der bewegtesten in der deutschen Geschichte – spielte er eine verhängnisvolle Rolle. Unterstützt von den bekannten Katastrophenpolitikern Stinnes und Helfferich zielte seine Politik auf eine direkte, neue Kriegsgefahr heraufbeschwörende Machtprobe mit Frankreich. Als der Regierungschef vorschlug, den Reparationsverpflichtungen erst nach einem fünfjährigen Moratorium nachzukommen, ließ Stinnes erklären, er halte dies nicht für zweckmäßig, weil es keine »Endlösung« – also die völlige Außerkraftsetzung des Versailler Vertrages – bringen würde. Bereits die Verzögerung der Reparationslieferungen belastete die internationalen Beziehungen: Bis zum Ende des Jahres 1922 waren etwa zwei Millionen Tonnen Kohle und anderes im Werte von 24 Millionen Goldmark nicht geliefert worden, was die französische Regierung unter Raymond Poincaré am 27. November zu der Erklärung veranlasste, sie erwäge zur Sicherung ihrer Ansprüche die Besetzung von zwei Dritteln des Ruhrgebietes. Sie ließ sich auch nicht auf die am Silvestertag verkündete Idee des Kanzlers ein, beide Staaten sollten einen Gottesfrieden am Rhein schaffen und sich verpflichten, keinen Krieg gegeneinander »ohne besondere Ermächtigung durch Volksabstimmung« zu führen.

Die Ruhrbesetzung

Die vom 2. bis 4. Januar 1923 in Paris tagenden Regierungschefs der Alliierten lehnten erwartungsgemäß die deutschen Vorschläge als unzureichend ab. Zugleich stellten sie eine absichtsvolle und schuldhafte Nichterfüllung der Verpflichtungen durch Deutschland fest, wodurch die im Versailler Vertag fixierten Voraussetzungen für Sanktionen erfüllt seien. Die Antwort auf die doppelbödige Konfrontationspolitik der Reichsregierung erfolgte am 11. Januar, als französische und belgische Truppen begannen, rund 2100 Quadratkilometer des Industriegebietes an der Ruhr zu besetzen. Nationalistisch-militante Kräfte aller beteiligten Länder provozierten vier Jahre nach dem Ende des Ersten Weltkrieges eine riskante Situation herauf – durch eine abenteuerliche Politik des Verlierers, eröffnet von den französischen Rivalen, unterstützt von den Regierungen anderer westlicher Mächte. In Deutschland wurde eine chauvinistische Kampagne entfacht, nahezu vergleichbar der Kriegspsychose von 1914. Wieder wurde die Idee einer *deutschen Volksgemeinschaft* propagiert. Cuno forderte, die Ehre der deutschen Republik sei wachsam zu bewahren als die »Ehre eines einigen Volkes«.

In der Arbeiterbewegung erhob sich großer Protest. Der richtete sich gegen den Versuch, internationale Konflikte erneut mit kriegerischen Mitteln auszutragen. Es gehe um Völkerverständigung, nicht um Völkerverhetzung, erklärte der SPD-Parteivorstand. Gegen erhebliche Bedenken aus den eigenen Reihen setzte er allerdings die Zustimmung der sozialdemokratischen Reichstagsfraktion zu Cunos Politik des »passiven Widerstandes«, d.h. der Nichtbefolgung aller Anordnungen der Besatzungskräfte, durch, was nationalistische Stimmungen beförderte und im Grunde einer Neuauflage der Burgfriedenspolitik gleichkam. Obgleich Rudolf Breitscheid als Vorsitzender der SPD-Reichstagsfraktion erklärt hatte, passiver Widerstand bedeute nichts anderes als Kirchhofsruhe, stimmten 67 von

146 sozialdemokratischen Abgeordneten am 13. Januar für eine Politik, die keine Lösung der Probleme bringen konnte, sondern deren weitere Zuspitzung bedeutete.

Eine internationale Konferenz kommunistischer Parteien forderte, alle Gefährdungen des Friedens abzuwenden und eine internationale proletarische Einheitsfront zu schaffen. In Deutschland erklärte die KPD, es müsse erreicht werden, dass die deutsche Bourgeoisie einen Teil der Reparationslasten auf sich nimmt. Ihre Losung lautete: »Schlagt Poincaré und Cuno an der Ruhr und an der Spree!« Zugleich sahen sich deutsche Kommunisten in dieser Situation veranlasst, eingehender als bislang ihre Haltung zur Nation zu erörtern. Vor allem Clara Zetkin forderte, dass sich die Arbeiter angesichts des Missbrauchs nationaler Begriffe und Losungen durch die Bourgeoisie keinesfalls in eine antinationale Position drängen lassen dürften. Es gelte, auch für die nationalen Interessen der Werktätigen einzutreten. Die beginnende Debatte verknüpfte sich rasch mit erheblichen innerparteilichen Auseinandersetzungen um die Frage, inwieweit Arbeiterregierungen – also sozialdemokratische Regierungen oder auch Koalitionen von SPD und KPD – geschaffen bzw. unterstützt werden sollten; eine Frage, die zu dieser Zeit und noch lange danach sehr unterschiedlich, größtenteils sogar unzulänglich behandelt worden ist. Vor allem wurde sie zu wenig in Zusammenhang mit dem Hervortreten des Faschismus gesehen, obgleich dieser von der KPD treffend als »außerordentlich gefährlicher und furchtbarer Feind« des gesamten Proletariats charakterisiert wurde.

Im innerparteilichen Streit spielten Auffassungen und Mahnungen einiger Mitglieder, es sei notwendig, die Republik zu verteidigen, keine Rolle. Es verhallte die Erklärung Clara Zetkins, ausgesprochen am 20. Oktober 1922 im Reichstag, die KPD würde in ihrem Verhältnis zur Weimarer Republik die Demokratie, so wenig sie auch für die Arbeiterklasse bringe, nicht unterschätzen: »Während Sie (gemeint war die Fraktion der DNVP, M.W.) nur sinnen und trachten, wie Sie diesen Anfang zur Demokratie beseitigen können, stehen wir allezeit bereit und gerüstet, diese armselige Demokratie gegen Sie zu schützen und zu verteidigen, und es wird sich zeigen, dass dieser Anfang zur Demokratie keine treueren, keine kampfentschlosseneren Verteidiger hat als gerade die Kommunisten.«

Ultralinken Kräften in der KPD gelang es, ursprünglich demokratisch-kommunistische Vorstellungen beiseite zu schieben und der KPD einen linksradikalen Kurs aufzuzwingen. Paul Levi wurde verdrängt, sein Kurs revidiert, der dem»Offenen Brief« an alle Gewerkschaften und andere Arbeiterparteien vom 8. Januar 1921 zugrunde gelegen hatte. Aus nahezu träumerischer Radikalität und gestützt von einer entsprechenden Stimmungslage in bestimmten proletarischen Milieus erwuchs eine der Realität sich entfremdende Hoffnung, gestellte Ziele auf putschistischem Wege erreichen zu können. Nur wenige erkannten die Zeichen nichtrevolutionärer Zeiten, die Mehrheit orientierte auf eine Revolution entsprechend der Beispiele von 1917/18. Aufstandsversuche, wie der vom März 1921 im mitteldeutschen Industrierevier, belasteten zugleich alle Bemühungen, einen wirklichkeitsnahen und realisierbaren Weg zu proletarischer Einheitsfront und Arbeiterregierungen zu finden. Manches unterlag schlichter Revolutionsrhetorik, die den Parteikurs folgenreich zwischen »Einheitsfront und Putschismus« schlingern ließ.

Eine Hyper-Inflation

1923 wuchs in Deutschland die Inflation in ungeahnte Höhen. Hatte der Geldumlauf zwischen 1913 und 1919 bereits ein Mehrfaches erreicht und sich bis 1922 ungleichmäßig entwickelt, so schnellte er nun einem absoluten Höhepunkt entgegen. Im ersten Halbjahr erhöhte sich der Dollar-Kurswert um das 6,1fache, im zweiten um das 1,2millionenfache. Über 300 Papierfabriken waren voll und ganz mit der Herstellung von

Banknotenpapier beschäftigt. Etwa 150 Druckereien arbeiteten Tag und Nacht. Die Industrieproduktion ging gegenüber dem Vorjahr um ein Drittel zurück und fiel unter die Hälfte des Vorkriegsstandes. Die Belastung der Besitzer von Geldwerten wuchs ins Unermessliche, wohingegen sich die Eigentümer von Sachwerten weitgehend entschulden oder sogar bereichern konnten. Die inflationsbedingte Umverteilung des Nationaleinkommens vollzog sich auf Kosten der unteren und mittleren Schichten der deutschen Gesellschaft. Not und Elend nahmen sprunghaft zu, ebenso die Arbeitslosigkeit.

Zum rasanten Anstieg der Inflation trug die Politik des »passiven Widerstandes« erheblich bei. Mehr und mehr zeigte sich die Cuno-Regierung außerstande, einen Ausweg zu finden. Ihre Forderung nach einem Abzug der fremden Truppen, bevor erneut über Reparationsleistungen verhandelt werden könne, führte Deutschland in eine außenpolitische Sackgasse. Ein Kurswechsel deutete sich an, als der RDI sich im Sommer 1923 bereit erklärte, der Regierung rund 40 % der von den Alliierten geforderten Reparationssumme (500 Mill. Goldmark) zu garantieren. Verbunden war dies mit der Forderung, der Staat müsse den Unternehmern eine unbehinderte Anwendung privatwirtschaftlicher Grundsätze gewähren. Ebenso sei die Staatsgewalt bei der Schlichtung von Wirtschaftsstreitigkeiten zu beschränken und der Achtstundentag abzuschaffen. Ein neues Arbeitszeitgesetz solle erlauben, endlich die Betriebe von »unproduktiven Löhnen« zu entlasten.

Ende Juli setzte eine neue Welle von Streiks und Protestaktionen ein. Immer lauter wurde der Rücktritt Cunos gefordert, der unter dem Druck eines beginnenden Generalstreiks aufgab. Am 13. August übernahm Stresemann das Amt des Reichskanzlers. Er erwies sich im Krisenmanagement als weitaus fähiger als sein Vorgänger. Zugleich entstand in der Weimarer Republik erstmals eine Große Koalition. Auf diese ließ sich die SPD ein, obgleich sie bis dahin auf der Ebene des Reiches ein Zusammengehen mit der DVP strikt abgelehnt hatte. Die neue Regierung hob am 26. September die gescheiterte Politik des passiven Widerstandes auf. Von einer Kapitulation vor Frankreich wollte Stresemann nicht sprechen. Ihm ging es darum, möglichst eine Unterstützung Deutschlands durch die USA und Großbritannien zu erreichen. Diese sollten erkennen, dass bei einem weiteren Verbleiben der französischen Truppen an der Ruhr die Massen in Deutschland sich weiter radikalisierten, womit nicht nur Deutschland, sondern ganz Europa Gefahr laufen würde, vom Bolschewismus überflutet zu werden. Am 27. September verhängte Reichspräsident Ebert den Ausnahmezustand und übertrug faktisch die vollziehende Gewalt dem Militär. Dieser Versuch, die bürgerlich-parlamentarische Republik militärdiktatorisch abzusichern, sollte am Ende der Weimarer Republik erneut eine Rolle spielen.

Unter den ökonomisch und politisch Mächtigen Deutschlands spitzten sich dennoch die Auseinandersetzungen zu. Zudem eskalierten die Streitereien zwischen dem Reich und dem Freistaat Bayern, als letzterer verfassungswidrig eigene Ausnahmegesetze über die des Reiches stellte und für Gustav Ritter von Kahr das Amt eines in der Verfassung nicht vorgesehenen und mit diktatorischen Vollmachten ausgestatteten Generalstaatskommissars schuf. Nach dessen Auffassung sollte Bayern eine »Ordnungszelle« für das ganze Reich sein und eine national geprägte Weltanschauung gegen »marxistisch-jüdischen« Internationalismus durchsetzen. »Hie Deutsch, hie Nichtdeutsch« lautete sein Motto. Im Rheinland und in der Pfalz gab es separatistische Bestrebungen, erwachsen aus der katastrophalen Lage und aus traditionellen Aversionen gegen Preußen. Über Forderungen nach Autonomie innerhalb des Reiches hinaus wurde in Aachen eine Rheinische Republik und in Speyer eine Pfälzische Republik ausgerufen. Politiker aus den Reihen der DNVP und der DVP debattierten über die Frage, wie die Verfassung geändert werden müsse, wie die linken Parteien und die Gewerk-

Tabelle 1: Inflation

1923	Dollar-Kurswert (in Mark)	Steigerung gegenüber 1914	Veränderungs-Index von Monat zu Monat
Januar	17.972	4.281	100
Februar	27.918	6.650	155,3
März	21.190	5.048	-24,1
April	24.457	5.826	115,4
Mai	47.670	11.355	194,9
Juni	109.996	26.202	230,7
Juli	353.412	84.186	321,3
August	4.620.455	1.100.632	1.303,0
September	98.860.000	23.549.000	2.142,0
Oktober	25.260.000.000	6.017.000.000	25.550,0
1. Nov.	2.193.600.000.000	522.286.000.000	8.684,0
15. Nov.	4.200.000.000.000	1.000.000.000.000	195,5

schaften zurückgedrängt bzw. ausgeschaltet werden könnten. In der Reichswehr kursierten Putschpläne, denen zufolge unter Hans von Seeckt, Chef der Heeresleitung, eine Militärdiktatur errichten werden sollte.

Die Situation wurde immer dramatischer, zumal alles dazu beitrug, im Herbst 1923 die Inflation zu ihrem absoluten Höhepunkt hinzutreiben.

Chaotisch und unhaltbar war der Zustand geraten. Den amtlichen Statistiken zufolge sank der Pro-Kopf-Verbrauch bei Lebensmitteln gegenüber der Vorkriegszeit fast um die Hälfte. Die Preise erreichten astronomische Höhen. Im November kostete ein Ei 80 Mrd. Mark, ein Glas Bier 150 Mrd. Mark, ein Pfund Kartoffeln 50 Mrd. Mark, ein Pfund Fleisch 3,2 Bill. Mark, ein Pfund Butter 6 Bill. Mark. Mitte September reichte der Wochenlohn eines Arbeiters in Mitteldeutschland in Höhe von 90 Mill. Mark. Ein Erwerbsloser mit einer vierköpfigen

Familie hatte sich mit 28 Mill. Mark zu begnügen. Löhne, Gehälter und Unterstützungen blieben weit hinter dem Währungsverfall zurück. Fast jeder vierte Arbeiter war im November erwerbslos, etwa 40 % der Arbeitenden saßen auf Kurzarbeit. Die Zahl der Auswanderer verfünffachte sich gegenüber dem Jahr 1921. In Hungerunruhen und spontanen Streiks sowie in zunehmender Radikalisierung politischer Kräfte entlud sich sozialer Zündstoff.

Allerdings gab es nicht nur Verlierer der Inflation, sondern auch Gewinner. Vor allem die Industrie machte gute Geschäfte. Waren – in Deutschland mit immer wertloser werdender Papiermark bezahlt – konnten ertragreich exportiert werden. Industrielle, Landwirte, Hausbesitzer und andere Eigentümer von Sachwerten zahlten ihre Schulden mit belanglosem Geld zurück. Binnen weniger Monate vergrößerte Stinnes seinen Konzern. Aus solcher Instrumentalisierung der Inflation wuchs zugleich großes Interesse an einer Weiterführung der »Katastrophenpolitik«. Doch dem standen andere Interessen entgegen. Das Reparationsthema musste gelöst werden, und das ging nur über eine Verständigung mit den Siegermächten.

Der heiße Herbst

Vielfältig verwoben sich Widersprüche innen- und außenpolitischer Art ineinander. Alles drängte zu neuen Lösungen, zu rigorosen Veränderungen. Im Oktober forderte der rechte Flügel in der DVP – unter dem Einfluss der Großindustriellen Hugo Stinnes, Albert Vögler, Reinhold Quaatz und Alfred Gildemeister stehend – die Regierung zu Maßnahmen auf, von denen sie sicher sein konnten, dass keines der sozialdemokratischen Kabinettsmitglieder darauf eingehen würde. Sie verlangten sowohl einen Bruch mit Frankreich als auch eine umfassende Abkehr vom Achtstundenarbeitstag, darüber hinaus eine Einbeziehung der DNVP in die Regierung. Dies führte am 2. November zum faktischen Ausscheiden der Sozialdemokratie aus der Regierung.

So gelang es Stresemann zwar, die Sozialdemokratie zurückzudrängen und das politische Kräfteverhältnis im Reich etwas weiter nach rechts zu schieben, doch der extremen Rechten ging das noch nicht weit genug. Vor allem in Bayern traten konservative Kräfte, weiß-blaue Monarchisten und deutschvölkisch-nationalsozialistische Organisationen verstärkt in Erscheinung. Erstmalig entstand ein Bündnis zwischen ihnen, vor allem zwischen den Konservativen und der aufstrebenden NSDAP. Einig waren sie sich darin, ihre Ziele mit einem »Marsch auf Berlin« zu erreichen – analog zu der erfolgreichen Aktion von Mussolinis italienischen Schwarzhemden im Oktober des Vorjahres. Die NSDAP putschte am 8. und 9. November in München und erklärte die »Regierung der Novemberverbrecher in Berlin« für abgesetzt. Die neue »provisorische National-Regierung« sollte aus Ludendorff und Hitler sowie aus den bayerischen Kommandeuren der Reichswehr und der Landespolizei bestehen. Doch das Unternehmen scheiterte. Noch überwogen im Bunde der extremen Reaktion die unterschiedlichen Interessen, die machtpolitischen Differenzen und die jeweiligen Zielsetzungen.

Alle Tatsachen belegen, dass im Herbst 1923 der Weimarer Republik die größte Gefahr durch ihre rechten Gegner drohte. Die innenpolitischen Kräfteverhältnisse boten kaum, allenfalls geringe Chancen, aus ihr einen sozialdemokratisch geführten oder gar einen sozialistischen Staat zu machen. Die Machtpositionen der Linken reichten aus, antifaschistische Aktionen zu Erfolgen zu führen, zu mehr nicht. Die Republik konnte zwar gerettet werden, doch die Veränderungen hin zu rechtsgewendeten Herrschaftsstrukturen hatten sich nicht verhindern lassen. Linke Kräfte blieben nahezu ohnmächtig gegenüber dem erklärten Ziel, die demokratisch-parlamentarische Verfasstheit zu stärken oder gar auszubauen. Im Kräfteverhältnis zwischen den beiden Arbeiterparteien dominierte nach wie vor die Sozialdemokratie, deren Führung sich auch gegen große Teile einer opponierenden Parteibasis durchzusetzen vermochte.

Allerdings hatte die KPD im Verlaufe des Jahres 1923 in der Arbeiterbewegung an Einfluss gewonnen. Sie fand zunehmend Resonanz in jenen Teilen der Arbeiterschaft, die sich enttäuscht von der Sozialdemokratie abwandten. Insbesondere ihre Forderungen nach notwendiger Sachwerterfassung und Produktionskontrolle, ferner ihr Eintreten für alle sozialen Belange der durch die Inflation besonders arg gebeutelten Arbeiter, aber auch ihr Bemühen um einen wirksamen Schutz gegen den wachsenden faschistischen Terror vergrößerten ihr Ansehen im Proletariat. Zustimmung fand sie auch bei der Schaffung von Selbstschutzformationen, die Versammlungen und Demonstrationen schützen sowie Streiks und Kontrollausschüsse unterstützen sollten. Ebenso stieß sie auf positive Reaktionen zu ihrer Bereitschaft, ernsthaft mit Sozialdemokraten zusammenzuarbeiten, Arbeiterregierungen zu unterstützen oder diesen beizutreten. Letzteres geschah in Sachsen und in Thüringen, wo Kommunisten in den Landesregierungen am 10. bzw. am 16. Oktober ministerielle Verantwortung übernahmen. Da allerdings schlugen Stresemann-Regierung und Reichspräsident Ebert – ganz im Gegensatz zu ihrem Verhalten gegenüber Bayern – sofort und unnachgiebig zu. Sie verhängten eine Reichsexekutive gegen beide Länder und ließen Reichswehrtruppen in die Länder einmarschieren. Die sächsische Regierung des sozialdemokratischen Ministerpräsidenten Erich Zeigner wurde ihres Amtes enthoben, ein DVP-Politiker als Staatskommissar eingesetzt. In Thüringen sahen sich die KPD-Vertreter gezwungen, das Landeskabinett zu verlassen, was die Regierung des Linkssozialisten August Frölich nicht lange überlebte.

Es gelang weder, einen Generalstreik zu organisieren, noch in seinem Gefolge einen revolutionären Aufstand auszulösen, obwohl dies zu den erklärten, vom Exekutivkomitee der Kommunistischen Internationale (EKKI) und der russischen Partei vorgegebenen Zielen der KPD gehörte. Die reale Situation wurde eindeutig verkannt, die eigene Kraft fast maßlos überschätzt. Selbst der Versuch, eine sächsische Betriebsrätekonferenz als Startpunkt eines Aufrufes zum Generalstreik zu nutzen, schlug fehl. Angesichts der Tatsache, dass sich am 21. Oktober unter den 446 Delegierten der Betriebsräte, Gewerkschaften und Kontrollausschüsse lediglich 66 KPD-Mitglieder befanden, konnte nichts anderes erwartet werden. Pläne, ausgehend von dieser Chemnitzer Tagung in Hamburg mit einem Aufstand zu beginnen, wurden fallen gelassen. Doch dorthin gelangte davon keine Nachricht, so dass am 23. Oktober rund 300 Aufständische mehrere Polizeiwachen stürmten, um Waffen und Munition zu erbeuten. Ihre Niederlage war unvermeidlich.

Deren Ursachen zu ergründen löste weitere, härteste innerparteiliche Auseinandersetzungen aus. In ihnen wurden ursprünglich vorhandene Ansätze einer sinnvollen und demokratisch zu nennenden kommunistischen Politik erstickt. Ultralinke Kräfte gelangten an die Spitze der Partei und führten diese in eine zeitweilige Isolation. Illusionäre Hoffnungen, Voluntarismus und Dilettantismus statt klarer Analyse und realer Politik – das bestimmte das Agieren der Partei. Zwar war die in sich zerstrittene KPD-Führung grundsätzlich davon ausgegangen, im Faschismus den Hauptfeind des Proletariats zu sehen, doch ihre Schlussfolgerungen waren schlicht falsch. Sie unterstellte den bürgerlichen Parteien, ohne Ausnahme den Faschismus fördern zu wollen, und der Sozialdemokratie die Absicht, durch ihr Mitwirken in der Großen Koalition den Arbeitern den Faschismus als das kleinere Übel darzustellen und so akzeptabel machen zu wollen. Dies wirkte sich außerordentlich nachteilig auf alle an der Basis feststellbaren Bestrebungen aus, in gemeinsamer Front mit anderen Arbeiterorganisationen gegen die drohenden Gefahren aufzutreten.

Insgesamt zeigte sich im Herbst des ereignisreichen Jahres 1923, dass es den Herrschenden gelungen war, einen Ausweg aus der tiefen Krise zu finden, in die sie vor allem eine unverantwortliche Katastrophenpolitik geführt hatte. Mitte November konnte die Hyperinflation abrupt beendet werden, dank neuer Vereinbarungen mit den Westmächten. Das für die Zeit bis zum März 1924 geltende Ermächtigungsgesetz vom 23. Oktober – im Reichstag angenommen mit den Stimmen der bürgerlichen Parteien und der SPD – sowie der erklärte Ausnahmezustand und eine Reihe von Notverordnungen erlaubten erstmals einer Regierung der Weimarer Republik, weitgehend von den Grundrechten der Verfassung abzuweichen, um die als notwendig betrachteten wirtschaftlichen, finanziellen und sozialen Maßnahmen durchzusetzen. Die Staatsgewalt war zeitweilig militärdiktatorisch abgesichert, die KPD verboten sowie ihr und linken Strömungen in der Arbeiterbewegung eine empfindliche Niederlage bereitet worden. Zudem gelang es, die Sozialdemokratie weitgehend aus den Regierungen des Reiches und mehrerer Länder zu verdrängen.

IV.
Stabilisierung im Zeichen kommender Krisen

Nachdem Entscheidungen von weit reichender Bedeutung gefallen waren, bahnte sich eine Stabilisierung der wirtschaftlichen und ebenso der politischen Verhältnisse an. Es begann ein Zeitraum, in dem die Produktion in Industrie, Handwerk, Landwirtschaft und Verkehr sich deutlich aufwärts entwickelte. Hatte die Industrieproduktion 1923 nur die Hälfte des Vorkriegsstandes betragen, so zeigte sich 1927 dieser wieder erreicht und 1929 um 5,7 % übertroffen. Deutschland wuchs in ökonomischer und technischer Hinsicht – nach den USA – zum zweitstärksten Land der kapitalistischen Welt heran. Der Wohnungsbau verdreifachte sich zwischen 1924 und 1929. Die Arbeitslosigkeit, die 1923 vier Millionen Menschen betroffen hatte, ging zurück und der konjunkturelle Aufschwung führte zu einer spürbaren Verbesserung in der Lebenslage der werktätigen Bevölkerung. Die sozialstaatlichen Leistungen wurden ausgeweitet. Neue Einrichtungen entstanden, darunter die Arbeitsgerichte und Wohlfahrtsämter. Als besonders bedeutsam erwies sich das Gesetz über Arbeitslosenvermittlung und Arbeitslosenversicherung, das am 1. Oktober 1927 in Kraft trat. Auf seiner Grundlage entstand eine Verwaltung mit 363 Arbeitsämtern und 13 Landesarbeitsämtern.

Das alles geriet allerdings sofort ins Visier der Unternehmer und ihrer parteipolitischen Interessenvertreter, unabhängig von einer deutlichen Normalisierung der politischen Verhältnisse. Am 30. November löste Wilhelm Marx, ein Politiker des *Zentrums*, Stresemann im Amt des Reichskanzlers ab. Es entstand eine rein bürgerliche Regierung, in der letzterer Außenminister blieb und als ihr eigentlicher Chef galt. Mit Hilfe des Ermächtigungsgesetzes vom 8. Dezember wurde nach seinen Worten eine »Ära ruhiger Regierungsarbeit« eingeleitet. Zu den bereits in Kraft befindlichen Notverordnungen traten binnen kurzer Zeit weitere 63 hinzu, gedacht zumeist für finanzielle und arbeitspolitische Sanierungsmaßnahmen. So hob die Notverordnung über die Arbeitszeit vom 21. Dezember faktisch den Achtstundenarbeitstag auf. Das bot den Unternehmern die Möglichkeit, die Arbeitszeit bis zu zehn Stunden täglich ohne Lohnzuschläge auszuweiten. Andere Notverordnungen verschlechterten das Arbeitsrecht, ermöglichten Lohn- und Gehaltssenkungen, kürzten die Arbeitslosenunterstützung und erhöhten die Massensteuern. Unternehmerverbände verlangten, alle die Interessen der Arbeiter vertretenden Organisationen müssten sich auf den Boden der neuen Tatsachen stellen. Mehrere freie Gewerkschaften sowie bürgerlich-liberale Gewerkvereine kündigten daraufhin das Arbeitsgemeinschaftsabkommen vom November 1918 und traten aus der *Zentralarbeitsgemeinschaft* aus. Zähe Arbeitskämpfe zeichneten sich am politischen Horizont ab. Die Weimarer Republik hatte zwar neues Fahrwasser erreicht, doch die Auseinandersetzungen um ihre sozialpolitische und demokratische Verfasstheit gingen weiter.

Den wirtschaftlichen und politischen Entscheidungen folgten personelle: Bis Ende März entließ die Reichsverwaltung, den Ausnahmezustand nutzend, etwa ein Viertel ihrer Beschäftigten. An die Schalthebel der Macht traten verstärkt wieder jene, die sie vor der Novemberevolution innegehabt hatten. Sie traten im Staatsapparat, im Militär und in der Justiz wieder stärker hervor. Unliebsame Kräfte hatten zu gehen, was Demokraten als »republikfeindlichen Amtsmissbrauch« kritisierten. Andere gerieten in die Fänge von Polizei und Staatsanwälten. Selbst Ludwig Quidde, ein hoch angesehener Historiker und Vorsitzender des *Deutschen Friedenskartells,* wurde zeitweilig inhaftiert, weil er in der *Welt am Montag* vom 10. März 1924 publiziert hatte, dass alles, was sich in der Reichswehr oder unter ihrem Schutz abspiele, darauf abziele, »der Republik den Garaus zu machen [...] und Deutschland in geradezu wahnsinnige außenpolitische Abenteuer« zu stürzen.

Rechte Kräfte zeigten sich bestrebt, den militärischen Ausnahmezustand noch für eine geraume Zeit beizubehalten und das Ermächtigungsgesetz verlängern zu lassen. Im Kabinett erklärte Ernährungsminister Gerhard Graf von Kanitz, ein Regieren mit dem Reichstag sei unmöglich und dessen Neuwahl zu verhindern. Doch das ließ sich nicht durchsetzen. Den deutschen Eliten gelang es zwar, mühsam erkämpfte soziale Rechte abzubauen und die demokratische Substanz der Weimarer Verfassung einzuschränken, doch schlugen sie dabei einen flexibel zu nennenden Rechtskurs ein. Schrittweise wurde zu parlamentarischen Regierungsmethoden zurückgekehrt, der militärische Ausnahmezustand am 1. März, der zivile am 25. Oktober 1924 aufgehoben. Ebenso fiel das Verbot der KPD, die am 4. Mai 1924 bei der Reichstagswahl 62 Mandate eroberte. Stärkste Fraktion wurde die DNVP mit 103 Mandaten. Die Zahl der SPD-Abgeordneten reduzierte sich von 171 auf 100. Verluste erlitten auch DDP und DVP. Erstmals zog eine 32 Mann starke Fraktion der Faschisten ein. Ein politischer Rechtsruck zeigte sich auch bei einer Reihe von Landtags- und Kommunalwahlen der Jahre 1924/25. Da gewannen vor allem bürgerliche Sammlungsbewegungen. Rechtsorientierte Regierungen entstanden u. a. in Thüringen, Braunschweig, Oldenburg und Mecklenburg-Schwerin; dort also, wo es bereits faschistisch geführte Regierungen in der Endphase der Weimarer Republik geben sollte.

Streit um den Dawes-Plan

In allen Auseinandersetzungen um Wirtschaft und Politik der Weimarer Republik spielte die Reparationsfrage eine wesentliche Rolle. Die Reparationskommission der Siegermächte, geleitet vom US-amerikanischen Bankier Charles G. Dawes, legte am 9. April 1924 einen Plan vor, dem die Londoner Konferenz der Alliierten am 16. August zustimmte. Er sah für Deutschland konkrete Summen zwischen einer und 2,5 Mrd. Goldmark vor, die jährlich zu zahlen seien. Gesamthöhe und Dauer der Reparationsleistungen blieben jedoch offen. Das erforderliche Kapital sollte aus Mitteln des Reiches (Zölle, Steuern usw.) sowie aus einer Belastung der Reichsbahn aufgebracht werden. Um letzteres gewährleisten zu können, sollte sich Deutschland verpflichten, die Reichsbahn in eine Aktiengesellschaft und die Reichsbank in eine unabhängige Notenbank umzuwandeln. Zugleich bot der sogenannte Dawes-Plan erhebliche Vorteile: Deutschland erhielt eine Anleihe von 800 Mill. Goldmark, die zusammen mit weiteren Auslandskrediten maßgeblich die wirtschaftliche Stabilisierung förderten.

Im Reichstag stritten die Parteien um ein neues Reichsbahn-Gesetz, das über Annahme oder Ablehnung des Dawes-Planes entschied. Es erforderte, da verfassungsändernd, eine Zweidrittelmehrheit, die ohne die Stimmen der DNVP nicht erreicht werden konnte. Sie hatte aber im Vorfeld nachdrücklich Ablehnung verkündet und eine ausufernde nationalistische Propaganda betrieben. Ihr Argument: Deutschland werde einem »zweiten Versailles« unterworfen und damit endgültig versklavt. Allerdings gerieten die Deutschnationalen damit in ein Dilemma, da die neuen Regelungen eindeutig im Interesse einer wirtschaftlichen Stabilisierung lagen und in den eigenen Reihen lebhafte Auseinandersetzungen um »ja« oder »nein« entbrannten. Unternehmerorganisationen, vor allem der RDI und der großagrarisch dominierte Reichs-Landbund (RLB), verlangten ein zustimmendes Votum. Zu den strikten »Ja«-Gegnern gehörte vor allem der Partei- und Fraktionsvorsitzende Oskar Hergt, ferner Alfred Hugenberg, Mitbegründer des Alldeuschen Verbandes und Chef eines eigenen Pressekonzerns, Reinhold Quaatz, Chef des *Zweckverbandes nordwestdeutscher Wirtschaftsvertetungen*, und Axel Freiherr von Freytagh-Loringhoven, ein bekennender Monarchist und Antisemit, der seit 1924 bis zu seinem Tode im Jahre 1942 für die DNVP und dann für die NSDAP im Reichstag saß. Zu ihnen gehörte auch Otto Schmidt aus Hannover, der später zum engsten Vertrauen Hugenbergs werden sollte. Er sprach offen vom »Ringen zwischen Politik und Wirtschaft«: Auf der einen Seite stünden »vaterländisch-politische Forderungen«, auf der anderen »wirtschaftlich-kreditorische Augenblickserwägungen«. Im Sinne Oswald Spenglers ordnete er seine Argumentation in einen naturgesetzlichen Rahmen ein: Das Völkerleben von »Wehr und Gegenwehr, Schuld und Sühne, Selbsterhaltungs- und Rassetrieb« sei nun einmal »mächtiger als die grausame Geschäftsklugheit der Wallstreet«. In der Praxis des politischen Geschäfts der DNVP trat etwas anderes hervor: Die »Nein«-Sager nahmen sogar Kontakt mit den Faschisten auf, um Druck auf die »Ja«-Sager in den eigenen Reihen auszuüben. Obwohl dies scheiterte, zeichnete sich da bereits der später eingeschlagene Weg zum Bündnis zwischen Konservativen und Nazis ab.

Um ein allzu offensichtliches »Umfallen« der Partei zu verdecken, inszenierte ihre Führung eine parlamentarische Komödie. Sie hob den Fraktionszwang auf, der sonst immer praktiziert wurde, obgleich es für ihn keine verfassungsrechtliche Grundlage gab. »Freier Gewissensentscheidung« gemäß votierten 48 Deutschnationale mit Ja – mehr waren für die Annahme des Gesetzes nicht erforderlich gewesen. Der Preis allerdings: lebhafte und sich vertiefende innerparteiliche Auseinandersetzungen zwischen dem oppositionellen und einem als gouvernemental geltenden Flügel. Letzterer drängte darauf, die Partei an der Regierungsgewalt zu beteiligen.

Die Regierungsparteien DVP, DDP und *Zentrum* kamen diesem Bestreben entgegen. Sie befürworteten eine Erweiterung des Kabinetts nach rechts. Als das nicht auf Anhieb gelang, wurde der Reichstag aufgelöst und seine Neuwahl für den 7. Dezember angesetzt. In deren Ergebnis konnte die SPD wieder die stärkste Fraktion stellen, während die KPD fast ein Drittel der Stimmen vom Mai einbüßte, was auf die Politik ultralinker, sektiererischer Kräfte um Ruth Fischer zurückzuführen war. Sowohl die Regierungsparteien als auch die DNVP gewannen hinzu. Der Weg zur Bildung einer Bürgerblock-Regierung war frei. Neuer Reichskanzler wurde der bisherige Finanzminister Hans Luther, ein parteiloser Verwaltungsjurist mit guten Beziehungen vor allem zur Ruhrindustrie. Die Ministerien für Inneres, Wirtschaft, Finanzen und indirekt auch das für Ernährung standen erstmalig unter deutschnationaler Führung, allerdings nur für ein paar Monate.

Dennoch näherten sich Mitte der 20er Jahre die Verfechter von Erfüllungspolitik und Katastrophenpolitik einander an. Nationalkonservative Kreise in Wirtschaft und Politik begannen, sich von offen republikfeindlichen Positionen zu entfernen und die Absicht zu verfolgen, das parlamentarische System von innen her auszuhöhlen. Der später zum neuen DNVP-Vorsitzenden gewählte Kuno Graf von Westarp, erklärte, man werde unverändert an Zielen und Grundsätzen festhalten. Der deutschnational geprägte paramilitärische Verband *Stahlhelm, Bund der Frontsoldaten* gab 1926 die Losung aus: »Hinein in den Staat!« Ein anderer deutschnationaler Politiker schrieb an den Medien-Monopolisten Alfred Hugenberg, der 1928 die Parteiführung übernahm: »Wir müssen den parlamentarischen Weg missbrauchen (sic!), um in die Machtstellungen des Staates zu kommen mit der festen Absicht, eines Tages von diesen Machtstellungen aus das Parlament zu vernichten!« Daraus ergaben sich auch Dissonanzen zu den noch weiter rechts stehenden Kreisen, die sich u.a. in der *Deutschvölkischen Freiheitspartei*, im *Nationalverband Deutscher Offiziere* und anderen Wehrverbänden sammelten. Der *Alldeutsche Verband* unter Führung von Heinrich Claß hegte Putschpläne, die allerdings rechtzeitig aufgedeckt wurden, als die preußische Polizei bei Hausdurchsuchungen entsprechende Dokumente fand.

Zwar wandelten sich viele »Herzensmonarchisten« in »Vernunftrepublikaner«, doch Demokraten wurden sie damit nicht. In den Vordergrund ihrer Bestrebungen rückte die lautstark und vielgestaltig erhobene Forderung nach einem »starken Staat«. Die Machtbefugnisse der Exekutive seien zu stärken, die Rechte der Parlamente zu beschneiden und die Einflussnahme der Sozialdemokratie auf Gesetzgebung und Verwaltung zu verhindern. Seit 1924 wurde eine Reform der Verfassung angestrebt, nicht mehr deren völlige Beseitigung. Als neuer Präsident des RDI definierte der Chemie-Industrielle Carl Duisberg in seiner Antrittsrede diesen Kurs mit den Worten: »Das Wichtigste in unserer heutigen Lage ist ein machtvoller Staat, eine starke und energische Regierung. Über Formen mögen Toren streiten. Ich stehe zur Verfassung, wie sie in Weimar beschlossen ist, und wünsche nur, dass sie sich den Zeitverhältnissen entwicklungsgemäß anpasst.«

»Ersatzkaiser« Hindenburg

Wohin sich die Verhältnisse generell gewendet hatten, zeigte sich deutlich bei der Wahl des Reichspräsidenten im März und April 1925. Sie war nach Eberts frühem, wohl auch übler nationalistischer Hetze gegen ihn geschuldetem Tod notwendig geworden. Die großen Parteien schickten eigene Kandidaten ins Rennen: Die DVP, von der DNVP unterstützt, setzte auf Karl Jarres, der Jahre zuvor Reichsinnenminister gewesen war und nun als Oberbürgermeister von Duisburg fungierte; die SPD wollte Otto Braun gewählt sehen, der langjährig als Preußischer Ministerpräsident gewirkt und im größten deutschen Land erstmalig einer Koalition seiner Partei mit der großbürgerlichen

DVP vorgestanden hatte; die KPD Ernst Thälmann, der nach Auseinandersetzungen mit ausgesprochen linkssektiererischen Parteifunktionären und im Zuge der verhängnisvollen »Bolschewisierung« der Partei an deren Spitze gelangt war; das *Zentrum* seinen Vorsitzenden und früheren Reichskanzler Wilhelm Marx, die BVP Heinrich Held und die DDP Willy Hellpach. Völkische Kräfte und die NSDAP setzten auf Erich Ludendorff.

Der erste Wahlgang ergab für keinen eine Mehrheit. In der Vorbereitung auf den zweiten Wahlgang am 26. April 1925 formierte sich ein *Reichsblock,* der für Hindenburg warb. Der war bereits 1919/20 im Gespräch gewesen, allerdings hatte er sich nach dem gescheiterten Kapp-Putsch etwas zurückgezogen. Nichtsdestotrotz bastelte er kräftig an seinem Mythos als »Held von Tannenberg« – da hatte 1914 das Heer seinen einzigen größeren Sieg während des Weltkrieges verbuchen können – und bereitete sich auf eine tatkräftige Mitwirkung an einer »nationalen Wiederauferstehung« vor. Er wollte sich keineswegs auf ein politisches Altenteil zurückziehen, allerdings nicht in die Niederungen alltäglicher Politik begeben. Zudem warnte er vor überstürztem Handeln: Man müsse »in der Stille wirken und die Frucht reifen lassen, ehe man sie zu pflücken versuche.« An seinen Grundauffassungen ließ er keine Zweifel aufkommen. Im Herbst 1923 hatte er seiner Hoffnung in einem Brief an General Wilhelm Groener Ausdruck verliehen, der Parlamentarismus werde ein baldiges Ende nehmen und die »alte Zucht und Ordnung« wiederkehren.

Selbst Anfang April 1925 ließ sich Hindenburg noch eine Zeit lang bitten, da ihm die Rolle eines Umworbenen durchaus gefiel. Es war schließlich Großadmiral Tirpitz, der im Auftrag der DNVP-Führung erfolgreich mit ihm verhandelte. Schließlich konnte am 8. April offiziell bekannt gegeben werden, dass er kandidieren werde. Rechtzeitig hatte das Reichsgericht noch zuvor verkündet, das von den Alliierten angestrengte Verfahren wegen seiner Kriegsverbrechen sei niedergeschlagen.

Dem *Reichsblock* gehörten außer der DNVP auch die *Wirtschaftspartei*, die BVP und der *Bayerische Bauernbund* an. Unterstützung fand er auch durch völkisch-faschistische Organisationen sowie von führenden Politikern anderer Parteien und nicht zuletzt von Großunternehmern wie Ernst von Borsig. Die antirepublikanischen Wahlfonds erwiesen sich als gut gefüllt. Man profitierte auch von der bereits seit 1921 fließenden *Hindenburg-Spende*. Diese hatte Krupp-Direktor Otto Wiedfeldt organisiert und sah sich von rund 25 Firmen unterstützt. Mit jährlich 5.000 Mark – in der Inflationszeit mit sogenannten Dollarschatzanweisungen – wurde die als zu bescheiden eingeschätzte Pension des Generalfeldmarschalls ergänzt.

Neben den warnenden Stimmen der Arbeiterparteien gab es auch solche aus pazifistischen und liberalen Kreisen. Republikanisch gesinnte Kräfte des Bürgertums prangerten – so z. B. in der *Vossischen Zeitung* – Hindenburg als »Marschall des Bürgerkrieges« und als »Revanchepolitiker« an. Der linksdemokratische Publizist Maximilian Harden sprach von einem »Stückchen Barbarentum«, das in Hindenburg zu wittern sei. Kurt Tucholsky schrieb am 17. April in der Zeitschrift *Die Menschheit*: »Hindenburg ist: Preußen. Hindenburg ist: Zurück in den Gutshof, fort aus der Welt, zurück in die Kaserne. Hindenburg bedeutet: Krach mit aller Welt, durchaus begründetes Misstrauen des Auslands, insbesondere Frankreichs gegenüber Deutschland. Hindenburg ist: Die Republik auf Abruf. Hindenburg bedeutet: Krieg.«

Solche Befürchtungen spielten allerdings für einen großen Teil der Deutschen keine Rolle. Hindenburg siegte am 26. April im zweiten Wahlgang mit 48,3 % der gültigen Stimmen; im Grunde gewählt nur von knapp 37 % aller Wahlberechtigten. Rund 900.000 Stimmen, d. h. drei Prozentpunkte betrug der Vorsprung vor dem nun auch von SPD und DDP unterstützten Marx. Fast drei Millionen Wähler mehr stimmten für ihn, als den drei rechten Kandidaten des ersten Wahlgangs – Jarres,

Held und Ludendorff – zugebilligt worden war. Die Hochburgen seiner Wählerschaft lagen in den ost- und norddeutschen Kernlanden des protestantischen Konservatismus. Indessen hatte er auch in nennenswertem Ausmaß Stimmen süd- und westdeutscher Katholiken auf sich ziehen können, wobei sich die Entscheidung der BVP, für ihn und nicht für Marx zu stimmen, als sehr hilfreich erwies.

Den Organisatoren der Hindenburg-Kandidatur war es gelungen, Kräfte über die der bürgerlichen Parteien hinaus zu mobilisieren: Lokale Schützen- und Sportvereine und unterschiedlichste Zusammenschlüsse städtischer Mittelschichten, die alle in einem bürgerlich-nationalistischen Gemeinschaftsgefühl Front insbesondere gegen die Parteien der Arbeiterbewegung gemacht hatten. Um die Wahl des Feldmarschalls zu verhindern, wäre ein Zusammengehen von SPD, KPD und bürgerlich-demokratischen Kräften erforderlich gewesen. Das jedoch kam nicht zustande. Die SPD hatte zugunsten von Marx ihren eigenen Kandidaten zurückgezogen, die KPD auf einer Kandidatur Ernst Thälmanns beharrt; sie erhielt mit knapp zwei Millionen Stimmen deutlich geringeren Zuspruch als bei den beiden Reichstagswahlen des Jahres 1924.

Wenngleich Hindenburg sich als Reichspräsident formell an die Verfassung hielt und nicht, wie einige von ihm erwarteten und erhofften, sofort neue Notverordnungen erließ, so erwuchsen dennoch aus seiner Wahl große Gefahren für die Weimarer Republik. Das Präsidialamt entwickelte sich zunehmend zu einer politischen Gegenmacht konservativer Kreise zum Parlament. Die dem »Ersatzkaiser« in der Verfassung zugesprochenen Machtbefugnisse sowie die Autorität, die der greise Mann genoss, wurden immer mehr in den Dienst jener Rechtskräfte gestellt, denen sich Hindenburg wegen seiner eigenen politischen Anschauungen und seiner gesellschaftlichen Bindungen zugewandt fühlte. Um ihn herum entstand eine reaktionäre Kamarilla. Sie erreichte rasch Stellungnahmen des Reichspräsidenten, die mit seiner Überparteilichkeit unvereinbar waren, beispielsweise im sogenannten Flaggenstreit um die Verwendung der Farben Schwarz-Rot-Gold oder Schwarz-Weiß-Rot sowie in der zunehmenden Förderung militaristischer und nationalistischer Verbände.

Hindenburgs Auftreten richtete sich auch gegen alle Bemühungen republikanischer Kräfte, die generösen Entschädigungen für 1918/19 teilweise beschlagnahmtes Vermögen adliger Familien zu verhindern. Im Reichstag beantragte die KPD, den Fürstenbesitz zu enteignen, und zwar ohne Entschädigungen. Das Geldvermögen solle der ärmeren Bevölkerung und Kriegsopfern zugute kommen, das Land für kleinbäuerliche Siedlerstellen und die Herrenhäuser für Sozialwohnungen genutzt werden. Die Kommunisten begannen zugleich – ihr parlamentarisches Scheitern voraussehend – ein Volksbegehren vorzubereiten. Für dieses einigten sich beide Arbeiterparteien – die SPD nach einigen Bedenken des Parteivorstandes – auf einen gemeinsamen Gesetzentwurf, der die vollständige entschädigungslose Enteignung der bis 1918 regierenden Fürsten »zum Wohl der Allgemeinheit« vorsah. Breite Unterstützung fand dieser auch von bürgerlich-demokratischen Persönlichkeiten, darunter Robert Kuczynski, Hellmuth von Gerlach, Carl von Ossietzky und Helene Stoecker u. a. m.

Die Hürde des Volksbegehrens war rasch und eindeutig genommen. 14,5 Millionen Wahlberechtigte unterstützten am 20. Juni 1926 schließlich den Volksentscheid – zwei Millionen mehr als bei der Reichstagswahl im Dezember 1924 KPD und SPD gewählt hatten. Es reichte allerdings nicht für einen Sieg – zu stark sah sich das andere Lager vor allem auf dem Land unterstützt, insbesondere in den ostelbischen Gebieten und in Bayern. Votiert hatten nur 36,4 % der Abstimmungsberechtigten. Gegner und Unentschlossene sahen generell das Eigentum an den Produktionsmitteln als Grundlage kapitalistischen Wirtschaftens in Frage gestellt. Dies hatte Hindenburg in einem

Privatbrief, der in die Öffentlichkeit lanciert wurde, ebenfalls erklärt. Darin bezeichnete er den Volksentscheid auch als ein »großes Unrecht«, als Ausdruck eines »bedauerlichen Mangel(s) an Traditionsgefühl« und als Undank gegenüber früheren Monarchen.

Erfolgreiches außenpolitisches »Finassieren«

Parallel zu den Bemühungen um eine Stabilisierung der Wirtschaft verfolgte die Reichsregierung das Ziel, größeren Spielraum in der Außenpolitik zu gewinnen und möglichst rasch als gleichberechtigter Partner in den Völkerbund aufgenommen zu werden. Der Reichskanzler ergriff im Januar 1925 die Initiative und schlug vor, sich über alle Probleme verständigen und Schiedsverträge abschließen zu wollen. Bezeichnet wurde dies als ein Weg zu friedlicher Streitschlichtung und Kriegsverzicht. Der Haken indessen bestand in einer unterschiedlichen Bewertung der 1918/19 entstandenen Grenzen: die im Westen zu akzeptieren zeigte man sich bereit, die im Osten sollten auf keinen Fall Anerkennung finden. Der Leiter der Rechtsabteilung des Auswärtigen Amtes, Friedrich Gaus, äußerte offenherzig: Deutschland müsse versuchen, »durch den Pakt im Westen im Osten freie Hand zu bekommen.«

Nach längerer Vorbereitung verhandelten im Oktober 1925 Vertreter Deutschlands, Belgiens, Frankreichs, Großbritanniens und Italiens miteinander über Vereinbarungen, die – so war es dem Schlussprotokoll zu entnehmen – helfen sollten, »gemeinsam die Mittel zum Schutze ihrer Völker vor der Geißel des Krieges zu suchen und für die friedliche Regelung von Streitigkeiten jeglicher Art, die etwa zwischen ihnen entstehen könnten, zu sorgen«. Das Ergebnis der zwölftägigen Verhandlungen ging als Vertrag von Locarno in die Geschichte ein, nachdem gegen den ursprünglichen und sinnvolleren Vorschlag »Gegenseitiger Garantie-Pakt« bezeichnende Einreden gemacht worden waren. Sein Wortlaut fand Gestalt in mehreren Dokumenten. Eines enthielt den Vertrag aller fünf beteiligten Länder, der als eine Art Rahmenabkommen galt und als Sicherheitspakt bezeichnet wurde. In der offiziellen Abschlusserklärung verliehen die Unterzeichner ihrer Überzeugung Ausdruck, der Vertrag werde in hohem Maße dazu beitragen, »eine moralische Entspannung zwischen den Nationen herbeizuführen«. Er werde auch die Lösung vieler politischer und wirtschaftlicher Probleme erleichtern und, wie es hieß, die Bestrebungen des Völkerbundes zu einer Abrüstung beschleunigen.

Es sollte sogar, wie der britische Außenminister formulierte, auf das »Recht zum Krieg« verzichtet werden. Im allgemeinen Vertrag verpflichteten sich Deutschland einerseits sowie Belgien und Frankreich andererseits, »in keinem Falle zu einem Angriff oder zu einem Einfall oder zum Kriege gegeneinander zu schreiten.« Die Texte, die sich auf die westlichen Grenzen des Reiches bezogen, handelten von der Wahrung des territorialen Status quo und ihrer Unverletzlichkeit. In einschlägigen Verträgen Deutschlands mit Polen und der Tschechoslowakei fehlte indessen eine derartige Aussage. Es hieß abgeschwächt, es solle ein Schiedsgericht oder der Ständige Internationale Gerichtshof entscheiden, wenn Streitfragen nicht auf dem gewöhnlichen diplomatischen Weg gütlich geregelt werden können.

Eine gewisse Normalisierung im Miteinander konkurrierender Mächte schien erreicht. Das Verhältnis zwischen Deutschland und Frankreich entkrampfte sich, die Beendigung der Rheinlandbesetzung war vorbereitet. Neue Voraussetzungen für den internationalen Handel und auch für den Beginn von Abrüstungsverhandlungen konnten als geschaffen betrachtet werden. Indessen wies der Locarno-Vertrag auch langfristig destabilisierende Elemente auf. Die Verhandlungspartner hatten hinreichend für einengende, vieldeutige und unterschiedlich interpretierbare Klauseln gesorgt. Den edlen Formulierungen folgte jeweils der ein oder andere Zusatz, die eine oder andere Einschränkung. Bereits der zweite Artikel des allgemeinen

Vertrages legte fest, dass die Bestimmung des ersten Artikels keine Anwendung im Falle einer »Ausübung des Rechtes der Selbstverteidigung« finde. Das galt auch für den Fall, dass ein flagranter Verstoß gegen die Artikel 42 oder 43 des Vertrages von Versailles vorliegt – sie betrafen die Entmilitarisierung des Rheinlandes – oder eine Aktion auf der Grundlage des Artikels 16 der Völkerbundsatzung zu unterstützen sei. Letzterer enthielt Regelungen, die wirtschaftliche und militärische Exekutionsmaßnahmen erlaubten und sich insbesondere gegen die Sowjetunion richteten.

Damit war zugleich ein Grundanliegen der Außenpolitik der Weimarer Republik berührt. Wollte Deutschland sich stärker an den Westen binden und Mitglied des Völkerbundes werden, hätte es die 1922 in Rapallo proklamierte Politik einer deutsch-russischen Zusammenarbeit aufs Spiel gesetzt. Doch die Regierung ließ den Draht nach Moskau nicht abreißen und betrieb eine doppelbödige Politik. So wurde am 12. Oktober 1925, also unmittelbar während der Verhandlungen in Locarno, ein deutsch-sowjetisches Handelsabkommen vereinbart, dem später am 24. April 1926 sogar ein sogenannter Neutralitätsvertrag folgte. Dieses Druckmittel, gedacht als ein Trumpf-As gegenüber den Westmächten, sollte nicht aus der Hand gegeben werden.

Ungeachtet aller Einschränkungen kann der Locarno-Vertrag jedoch als ein ernst zu nehmender Versuch gelten, zumindest in einigen Teilen Europas die unmittelbare Nachkriegszeit zu beenden sowie eine Basis für geregelte, einigermaßen normale und friedliche Beziehungen zwischen den ehemaligen Kriegsgegnern zu schaffen. Deutschlands Außenpolitiker hatten mehr erreicht, als erwartet worden war. Doch zu einer Grundlage dauerhafter Verständigung und der Verhinderung von Kriegen geriet der Vertrag indessen nicht. Zu sehr gingen die Interessen der Beteiligten auseinander, zu groß war der Wille, Konflikte letzten Endes doch mit militärischen Mitteln auszutragen. Zu deutlich ließ sich die Absicht erkennen, in West- und in Osteuropa mit unterschiedlichen Maßen zu messen. Zugleich polemisierten in Deutschland nationalistische Kräfte gegen ihn. Insbesondere aus den Reihen der DNVP kamen Forderungen nach einem Rücktritt von Außenminister Stresemann. Nach der Unterzeichnung des Vertrages traten die vier deutschnationalen Minister zurück. Dennoch billigte noch vor einer Regierungsneubildung die Reichstagsmehrheit am 27. November 1925 das Vertragswerk, das am 1. Dezember in Kraft trat.

Locarno eröffnete auch den Weg für eine Aufnahme Deutschlands in den Völkerbund. Das Reich wollte allerdings auf keinen Fall die Rolle eines x-beliebigen Mitgliedes spielen, sondern sofort an der Führung des Völkerbundes mitwirken. Anders als von vielen Pazifisten und Demokraten gedacht, verknüpften führende deutsche Politiker den Beitritt zum Völkerbund mit dem nur langfristig erreichbaren Ziel einer grundlegenden Revision der Ergebnisse des Weltkrieges. Um dies gewährleisten zu können, entschieden sie sich auch in dieser Frage für die Politik des »Finassierens«. Zum taktischen Kalkül gehörte der Trick, halbe Wahrheiten auszusprechen, aber grundsätzliche Anliegen zu verschweigen. Letztere lassen sich indessen u. a. einem Brief Stresemanns an den Kronprinzen Wilhelm vom 7. September 1925 entnehmen: Man wolle, so hieß es, den Völkerbund als einen »äußeren Mantel für unsere sonstigen Bestrebungen« nutzen, eine »Schmälerung der Freiheit der selbstherrlichen Großmächte« erreichen und schließlich auch eine neuerliche Aufrüstung Deutschlands durchsetzen. Jene Ideale und Wertvorstellungen, die offiziell dem Frieden und der Entwicklung des Völkerbundes zu einem demokratischen Bund der Völker gegolten hatten, sahen sich zu revisionspolitischer Zweckmäßigkeit degradiert.

Der am 8. Februar 1926 offiziell gestellte Aufnahmeantrag scheiterte zunächst. Bei den Verhandlungen waren machtpolitische Differenzen aufgetaucht: Sollte Deutschland das vorgesehene ständige Mandat im Rat des Völkerbundes erhalten, so argumentierten die Vertreter Polens, Spaniens und Brasiliens, müsste dies auch für ihre Länder gelten. Eine Einigung erfolgte nicht, was in Deutschland große Enttäuschung hervorrief. Wieder wurde an den Rapallo-Vertrag angeknüpft und am 24. April ein Neutralitätsabkommen mit der UdSSR geschlossen. Das Druckmittel wirkte erneut, denn gegen französische Interessen setzte Großbritannien einen Kompromiss durch: für die drei Länder wurden im Völkerbundsrat zusätzlich »halbständige« Sitze geschaffen.

So konnte schließlich die Völkerbundversammlung am 8. September 1926 die Aufnahme Deutschlands in ihre Reihen beschließen. Ungestüm feiernd sprach man von einem Markstein der Völkerverständigung, von einem Schlussstrich, der nunmehr unter eine lange Periode von Konflikten und Kriegen gezogen worden sei. Stresemann glänzte mit einer begeistert aufgenommenen Rede. Er und der französische Außenminister Aristide Briand sahen sich dafür bereits drei Monate später mit dem Friedensnobelpreis geehrt. Zweifellos handelte es sich nicht um bloße Lippenbekenntnisse für Verständigung und Aussöhnung, für Abrüstung und Frieden in Europa, doch weder die Verhältnisse noch die Taten entsprachen ihnen.

Für die Regierenden Deutschlands schien mit der Aufnahme in den Völkerbund dessen enge Bindung an das Friedensvertragswerk von Versailles aufgelöst. Tatsächlich verlor die *League of Nations* ihren unverkennbaren Charakter als ein politisches Instrument, das einzig und allein in den Händen der Siegermächte lag. Geschickt hatten die deutschen Machthaber auch die strukturellen Schwachpunkte in der Organisation des Völkerbundes genutzt, ebenso die unterschiedlichen Interessen der britischen und französischen Konkurrenten, um auf dem bereits eingeschlagenen Kurs zu einer generellen Revision der Kriegsergebnisse erfolgreich voran zu schreiten. Was da schließlich kommen sollte, hatte Hitler am Tag unmittelbar nach dem Beitritt verkündet: Vor Münchner SA-Truppen wetterte er gegen alle zustimmenden Reaktionen in Deutschland. Man »proste« hier den Völkerbund an und trinke den Feinden des Landes zu, doch der »narkotische Rausch des Augenblicks« werde rasch vergehen. Die Deutschen könnten »trotz aller List« auf diesem Wege nichts erreichen. Schon zwei Monate zuvor, am 4. Juli, hatte er in Weimar verkündet, für seine Partei seien die Nachkriegsgrenzen ungültig, und alle Verträge, die Deutschland seither geschlossen habe, seien null und nichtig, nichts anderes als Papierfetzen, die einmal zerfetzt werden müssten.

Geheime und offene Aufrüstung

Obwohl die Bürgerblock-Regierung sich auf der internationalen Ebene als Verfechter einer allgemeinen Abrüstung aufspielte, über die in der 1925 geschaffenen Abrüstungskommission des Völkerbundes intensiv beraten wurde, betrieb sie innenpolitisch zunehmend eine der legalen wie noch mehr der illegalen Aufrüstung dienliche Politik. Dass die Reichswehrführung, an ihrer Spitze vor allem Seeckt als Chef der Heeresleitung, letztere von Beginn an betrieb, galt in Deutschland als offenes Geheimnis. In direkter Zusammenarbeit mit nationalen Verbänden wurden Zeitfreiwillige ausgebildet, der Wehrsport organisiert und große Lager mit verbotenen Waffen angelegt. Vereinbarungen mit der Sowjetunion ermöglichten den Aufbau von Rüstungswerken sowie das Training von Flugzeugpiloten und Panzerfahrern. Einen beträchtlichen Teil des Haushalts der Republik verschlang die Wehrpolitik, die auch vor Korruption und Veruntreuung von Geldern nicht halt machte. Dies offenbarte der Skandal um die von der Marine-Leitung umfassend finanzierte *Phoebus-Film-Gesellschaft*, deren Wirken den Wehrgeist der Deutschen befördern sollte. In seiner Folge kam es sogar zu einem Wechsel in der Leitung des Reichsmarineamtes. Auch Seeckt musste gehen.

Die Reichswehrgeneralität betrieb bereits Mitte der 20er Jahre eine langfristige Rüstungsplanung. Gedacht war in ihrem

»Großen Plan« an ein Heer mit 102 Divisionen mit 2,8 Mill. Mann, das ab 1931 zu schaffen sei. Berechnet wurden sowohl der Rohstoffbedarf für Heer, Luft- und Seestreitkräfte als auch der personelle Bedarf an Ausbildern, Führern und Spezialisten. Das Programm sah auch eine Weiterentwicklung von Waffen und Geräten vor, ferner die Einrichtung von Betrieben zur Munitionsherstellung im Mobilmachungsfall und den Aufbau einer »Notstandsflugmacht« mit 247 Flugzeugen. Die Entwicklung von Panzermodellen lief unter dem Stichwort »Großtraktor«. Allein im Jahr 1928 wurden 50 Mill. Reichsmark für das Anlegen überplanmäßiger Vorräte sowie 23,7 Mill. Reichsmark für »überhaupt verbotene Angelegenheiten lt. Versailler Vertrag« ausgegeben. Die Generäle verlangten, ihren Haushalt für mehrere Jahre zu sichern und nicht jedes Jahr neu verhandeln zu müssen. Und nicht zuletzt verband sich alles mit Versuchen, die Gesellschaft zu militarisieren für neue, total und verbrecherisch zu führende Kriege. Offen wurde formuliert: »Ein auf das äußerste zu steigernder nationaler Hass darf vor keinem Mittel der Sabotage, des Mordes und der Verseuchung zurückschrecken.«

Speziell für die Flottenrüstung war geplant, bis 1932 mehr als eine halbe Milliarde Reichsmark auszugeben. Bis 1935 sollten vier Panzerschiffe, fünf Kreuzer und 16 neue Zerstörer gebaut werden. Im Kalkül war keine Küstenmarine, wie der Öffentlichkeit vorgegaukelt wurde, sondern eine Hochseeflotte mit bemerkenswert großem Aktionsradius, geeignet für Angriffsaktionen auf maritime Verbindungslinien anderer Staaten und befähigt zur offensiver Kriegführung. Um der antimilitaristischen Stimmung im Lande begegnen zu können, wurde betont, das erste neue Schiff sei lediglich ein Ersatz für die 1903 gebaute *S. M. S. Preußen* und habe militärische Bedeutung nur für den Küstenschutz in der Ostsee, wofür auf die zu dieser Zeit spürbaren Spannungen zwischen dem Reich und Polen verwiesen wurde. Auch fehlte das Argument nicht, der Bau sei von sozialpolitischem Belang, weil mit Schaffung von Arbeitsplätzen verbunden.

Die Absicht, für mehr als 64 Mill. Reichsmark ein neues Kriegsschiff bauen zu wollen, stieß in der Öffentlichkeit auf geharnischte Proteste. Alle Auseinandersetzungen um Sinn und Ziel künftiger deutscher Politik kulminierten im Streit um den »Panzerkreuzer A«, für den bereits 1925 erste Entwürfe vorgelegt worden waren. Zugleich konterkarierte die Reichswehr die außenpolitischen Bemühungen Deutschlands. In den Augen ihrer Führer, aber auch in denen großer Teile des Bürgertums galt jegliche Ablehnung der Aufrüstung als Landesverrat.

Ebenso erregte sich bürgerlicher Unmut über sozialpolitische Maßnahmen, die Mitte der 20er Jahre hatten durchgesetzt werden können. Die Bezugsdauer der Erwerbslosenfürsorge wurde auf 52 Wochen erhöht und eine anschließende Krisenfürsorge eingeführt. Von besonderer Bedeutung erwies sich das am 27. Juli 1927 im Reichstag bestätigte Gesetz über die Zusammenlegung von Arbeitsvermittlung und Arbeitslosenversicherung. Die Sozialversicherung wurde vereinheitlicht, sozialer Wohnungsbau kam in Gang, neue Maßnahmen beförderten auch die Jugend- und Gesundheitspolitik. Das gesetzlich fixierte Schlichtungswesen ermöglichte staatlichen Organen, sollten sich die Tarifpartner nicht einigen, einen verbindlichen Schiedsspruch zu erklären. Den Betriebsräten, jährlich gewählt, wurden Einspruchsrechte bei Kündigungen und Mitwirkungsrechte im Sozialbereich zugebilligt, ohne dass aber von einer wirklichen Mitbestimmung die Rede sein konnte. Sozialdemokraten und Gewerkschafter priesen das Erreichte als Wirtschaftsdemokratie.

Streit um die Große Koalition

Am 20. Mai 1928 wurde ein neuer Reichstag gewählt. Gegenüber der letzten, fast vier Jahre zurückliegenden Reichstagswahl gewann die SPD 22 Mandate hinzu. Mit 153 Sitzen stellte sie nun fast ein Drittel der 491 Reichstagsabgeordneten. Auch der KPD war es gelungen, die Zahl ihrer Mandate um neun auf 54 zu vergrößern. Hingegen erlitten die bürgerlichen Parteien, allen voran die DNVP, erhebliche Verluste. Insgesamt schien die politische Rechte auf parlamentarischer Ebene geschwächt aus den Wahlen hervorgegangen zu sein. Es hatte sich erwiesen, wie brüchig die Bürgerblock-Kabinette gewesen waren. Vor allem zeigte das Ergebnis, wie sehr die öffentlich geübte Kritik an den Regierungen Luther und Marx sowie an den Aufrüstungsbemühungen der Reichswehr sich mit den Stimmungen breiter Kreise der Wähler deckte. Zudem war das Bestreben des *Zentrums* attackiert worden, ein neues Schulgesetz einzuführen, das katholische Bekenntnisschulen zuließ und faktisch eine Rekonfessionalisierung der Volksschulen bedeutet hätte. Nachdrücklich war der vor allem von DNVP und DVP unternommene Versuch kritisiert worden, trotz einer relativ guten Entwicklung der Wirtschaft zuvor erreichte sozialpolitische Verbesserungen für die Werktätigen wieder aufzuweichen und rückgängig zu machen. So hatte die Regierung – obwohl von Ärzten bei 30 % der Kinder und Jugendlichen Unterernährung festgestellt worden war – die Subventionen für die Mahlzeiten in den Schulen gestrichen, mit denen Millionen von Kindern wenigstens ein richtiges Essen am Tag möglich gewesen wäre.

Im Wahlkampf hob die SPD sozial- und friedenspolitische Parolen hervor: »Mittel der Reichswehr kürzen – Besitzsteuern erhöhen«, »Senkung der Lohn- und Massensteuern«, »Erhöhung der Niedrigrenten«, »Gesetzliche Verankerung des 8-Stunden-Tages«. Obwohl sie formulierte »Erst Brot – dann Kriegsschiffe«, stand im Mittelpunkt ihrer Propaganda-Aktionen jedoch die Losung »Kinderspeisung statt Panzerkreuzerbau – Fort mit dem Panzerschiff«. Konkret wurde versprochen, im Falle eines Wahlsieges würden die Haushaltsmittel für die Reichswehr gekürzt. Damit war angekündigt, auch frühere Entscheidungen des Reichstages zu Gunsten der ersten Rate für den Panzerkreuzer A aufzuheben. Die Tatsache, dass bei den gleichzeitig stattgefundenen preußischen Landtagswahlen der sozialdemokratische Erfolg noch deutlicher ausfiel, war den Bemühungen Otto Brauns als Ministerpräsident Preußens geschuldet, im Reichsrat die Bewilligung der Mittel für das neue Kriegsschiff zu verhindern. Manche sahen in ihm sogar den kommenden Reichskanzler.

Den Wahlversprechungen folgten jedoch keine Taten. Im Gegenteil: Die Führung der SPD entschied sich, in ein Kabinett der Großen Koalition einzutreten und Hermann Müller als Reichskanzlerkandidaten zu nominieren, der schon einmal im Frühjahr 1920 Reichskanzler gewesen war. Um eine Regierungsbildung mit *Zentrum*, DDP, BVP und DVP zu ermöglichen, nahm sie ihre Forderung nach einer Vermögenszusatzsteuer und nach einer Erhöhung des steuerfreien Existenzminimums zurück. Des weiteren beugte sie sich dem Widerspruch zu ihrem Plan, den 11. August als Verfassungstag zum gesetzlichen Feiertag zu erklären. Als entscheidender Streitpunkt erwies sich jedoch die Frage nach dem Ja oder Nein zum Bau des Panzerkreuzers. Vor allem die DVP – ohnehin nicht sonderlich von einer Koalition mit der SPD angetan – beharrte auf dem Bau und machte davon das Zustandekommen der Regierung abhängig. Stresemann warf der Reichstagsfraktion seiner Partei vor, sie würde mit ihrem koalitionspolitischen Widerwillen »die Linksentwicklung in den arbeitenden Klassen« übersehen und nicht beachten, dass ein Zusammengehen von Sozialdemokratie und Kommunismus »eine ganz starke Gefährdung für die deutsche Politik und die deutsche Wirtschaft« erwarten ließe. Dies bezeichnete er als den »entscheidenden Punkt«. Den Sozialdemokraten verhalf er dazu, dem Panzerkreuzerbau zuzustimmen und das »Umfallen« der Partei zu rechtfertigen. In einem Aufsehen erregenden Telegramm an Müller verwies er sowohl auf die Notwendigkeit einer Großen Koalition als auch auf die Weimarer Verfassung, die nur die persönliche Verantwortlichkeit der Reichsminister, aber nicht die Verantwortlichkeit von Fraktionen kenne. Tatsächlich gab es keine gesetzlichen Regelungen für das Wirken politischer Parteien und ihrer parlamentarischen Vertretungen, dennoch musste eine Regierungsbildung auf solcher Basis zu Abstrichen am parlamentarischen System und zum Abbau demokratischer Rechte der Volksvertretung führen. Bis zum März 1929 erfolgte auch keine formale Koalitionsvereinbarung, sondern lediglich eine persönliche Verpflichtung der Kabinettsmitglieder. In den vom Streit um den Panzerkreuzerbau erfüllten Monaten regierte also ein »Kabinett der Köpfe« – im Grunde bereits ein Modell für jene Präsidialkabinette, die zwischen 1930 und 1933 agierten und die Weimarer Republik zerstören halfen.

Die am 28. Juni 1928 gebildete neue Reichsregierung beschloss am 10. August, das Panzerschiff bauen zu lassen. Reichskanzler Müller und die sozialdemokratischen Minister Carl Severing, Rudolf Hilferding und Rudolf Wissell erhoben keinen Einspruch. Sie enthielten sich auch nicht der Stimme. Im Gegensatz zu den Wahlversprechen besaß für sie die Koalitionspolitik einen höheren Stellenwert. Eine größere Diskrepanz zwischen den Positionen der Partei und der sozialdemokratischen Reichstagsfraktion einerseits und den Ministern dieser Partei andererseits ließ sich nicht denken. Der unübersehbare Gegensatz zu allen bisherigen sozialdemokratischen Erklärungen belastete auch die Stellung der SPD auf internationaler Ebene, zumal der nahezu zeitgleich abgeschlossene Briand-Kellogg-Pakt den Krieg als Mittel zur Lösung internationaler Streitfragen generell verurteilte.

Unter den Mitgliedern der SPD erhob sich ein Sturm der Entrüstung, darüber hinaus bei den Kommunisten, zahlreichen pazifistischen Gruppen und auch unter bürgerlichen Demokraten. Dem Parteivorstand gingen geharnischte Proteste von Mitgliederversammlungen aus allen Teilen des Reiches zu. Die Minister sollten nicht nur zurücktreten, sondern auch aus der

Partei ausgeschlossen werden – so lauteten zahlreiche Forderungen. Unter diesem Druck stehend, bedauerten Vorstand und Fraktion am 15. August zwar die Entscheidung der Minister, doch im »Gesamtinteresse der Arbeiterschaft« sei eben die Regierungsbeteiligung wichtig. Müller argumentierte, es müsse zuerst um die Staatspolitik gehen, danach um »die Philosophie«.

Die SPD geriet in eine tiefe Krise. Wie es ihrer Führung gelang, dieser Situation Herr zu werden, gehört zu allgemeinen geschichtlichen Erfahrungen: Den Gegnern der Aufrüstung unterstellte man politische Blindheit, zugleich wurde behauptet, es sei nicht wahr, dass der Bau eines Panzerkreuzers den »neudeutschen Imperialismus« beweise. Es hieß auch, wer wegen der Panzerkreuzerfrage eine Regierungskrise heraufbeschwöre, mache sich »unsterblich lächerlich«. Erneut bewährte sich das Mittel des Antikommunismus. Nachdem die KPD einen Volksentscheid gegen den Panzerkreuzerbau initiiert hatte, hieß es allerorten, dies sei nichts anderes als ein Versuch, die Sozialdemokratische Partei zu beschädigen. Wirkung erreichte dies nicht allein unter den Sozialdemokraten, sondern auch unter Wählern und Mitgliedern der KPD. Hatten bei der Reichstagswahl noch 10,6 % für die Partei der Kommunisten gestimmt, so sprachen sich am 24. Oktober nur 2,9 % aller Stimmberechtigten für einen Volksentscheid aus. Diese Schlappe der KPD war auch bedingt durch die quälenden inneren Auseinandersetzungen, in denen die Partei neuerlich auf einen linksradikalen Kurs gebracht wurde und die am Ende des Jahres zur Gründung der *KPD (Opposition)* führten.

Das Kalkül der Reichswehrführung ging auf. Bereits Ende August höhnte Reichswehrminister Groener in einem Brief an General Kurt von Schleicher, er sehe den Streit um das Panzerschiff als »eine politische Satire, wie sie amüsanter kaum gedacht werden kann.« Das unschuldige Schiff habe es nicht verdient, eine solche Rolle zu spielen. Zugleich warnte er vor lautstarkem Triumph: »Sich hübsch hinter den Kulissen halten, keine

Miene verziehen, zusehen, wie sich die blöden Leute beschimpfen und prügeln – muss unsere Parole sein.« Schleicher schrieb am 3. September zurück: »Der Kampf innerhalb der SPD ist zunächst erledigt. Rechter und linker Flügel haben sich darauf geeinigt, ein positives sozialistisches Wehrprogramm aufzustellen, worunter sich natürlich jeder etwas anderes denkt. Sie kommen mit dieser Idee unseren Ansichten entgegen, im Herbst die Frage des Landesschutzes grundlegend aufzurollen und die Zustimmung des Kabinetts zu unserer Auffassung einzuholen.« Grundlegend – das meinte die Zusammenführung der verschiedenen geheimen Rüstungsmaßnahmen von Heer und Marine, die bis dahin jeweils in Eigenregie durchgeführt worden waren, zu einem planvollen Ganzen.

Rechtsruck der bürgerlichen Parteien

Nach ihrer Niederlage bei den Reichstagswahlen und angesichts sich stärker entwickelnder wirtschaftlicher Krisenerscheinungen suchten die jeweils rechten Kräfte innerhalb der bürgerlichen Parteien zunehmend, ihren Einfluss auf die Parteiführungen zu verstärken. Es setzte eine allgemeine Rechtsentwicklung nahezu aller bürgerlichen Parteien ein, die Sigmund Neumann als »politische Generalradikalisierung« kennzeichnete. In der DNVP gab Alfred Hugenberg Ende August 1928 mit seinem im *Berliner Lokal-Anzeiger* veröffentlichten Artikel »Block oder Brei?«, den Startschuss für das Verdrängen der als gemäßigt geltenden Kräfte um Westarp. Unterstützung fand Hugenberg vor allem durch den *Stahlhelm,* der in seiner *Fürstenberger Hassbotschaft* vom 2. September 1928 verkündete: »Wir hassen mit ganzer Seele den augenblicklichen Staatsaufbau, seine Form und seinen Inhalt, sein Werden und sein Wesen. Wir hassen diesen Staatsaufbau, weil in ihm nicht die besten Deutschen führen, sondern weil in ihm ein Parlamentarismus herrscht, dessen System jede verantwortliche Führung unmöglich macht [...] Wir hassen diesen Staatsaufbau, weil er uns die Aussicht versperrt, unser geknechtetes Vaterland zu befreien und das deutsche Volk von der erlogenen Kriegsschuld zu reinigen, den notwendigen deutschen Lebensraum im Osten zu gewinnen, das deutsche Volk wieder wehrhaft zu machen.«

Hugenberg ließ seinen Presse-Konzern zügellos nationalistische Propaganda betreiben und einen »neuen Kurs« der DNVP verlangen. Im Oktober 1928 sah er sich als neuen Parteivorsitzenden gekürt. Im Juni 1929 erhielt er außerordentliche Vollmachten zugesprochen, mit deren Hilfe er sich die ihm bislang nicht immer folgende Reichtagsfraktion unterwarf. Auch im *Zentrum* erlangte dessen rechter Flügel bestimmenden Einfluss. Im Dezember 1928 wählte der Kölner Parteitag den Prälaten Ludwig Kaas zum Parteivorsitzenden. Unter seiner Führung breiteten sich in dieser Partei zunehmend autoritäre und nationalistische Auffassungen aus. Ebenso verschärften sich in der DVP die Auseinandersetzungen zwischen Stresemann und dem rechten Parteiflügel, der sowohl den Parteiapparat als auch die Reichstagsfraktion beherrschte. Der Reichsaußenminister sah sich zahlreichen Angriffen aus den eigenen Reihen ausgesetzt. Seinen Tod nutzten Ernst Scholz und Eduard Dingeldey, sich weiter der DNVP anzunähern und den Sturz der Müller-Regierung zu betreiben.

Parteipolitischer Rechtsruck offenbarte sich auch in der Beseitigung bislang geltender, einigermaßen demokratischer innerparteilicher Spielregeln. Zunehmend wurden Parteivorsitzende als »Führer« herausgehoben. Aus der BVP war zu hören, alle Welt rufe nach Führung, für die Parteien sei »das Führerproblem zum zentralen Problem geworden.« Ein Führerkult à la Hitler kam in Mode – symbolträchtig als Gegenpol zu Parlamentarismus und beschworenem Prinzip der Volkssouveränität, dienend vor allem der Verbreitung unverbindlicher, aber publikumswirksamer Heils-Versprechen.

Zugleich strebten rechte Kräfte eine Reichsreform an, die zu mehr Zentralismus geführt hätte, wäre dies nicht – wie auch der 1928 ins Leben gerufene und nach einem »Dritten Reich« strebende *Bund zur Erneuerung des Reiches* – kläglich an den Länder-Egoismen gescheitert. Auch das verstärkte die Polarisierung zwischen den bürgerlichen Parteien einerseits und den proletarischen Parteien andererseits, wobei die Lagerbildung innere Differenzen nicht ausschloss. Vor allem bei den Linken gab es ein weiteres Auseinanderdriften, da ernsthafte konzeptionelle Differenzen, aber auch parteipolitische Egoismen KPD und SPD trennten. Hingegen tobten im anderen Lager Führungsstreitereien zwischen den Verfechtern einer »Harzburger Front« oder einer schwarz-braunen Koalition. Begleitet sah sich Polarisierendes hier wie da von Neugründungen. Da entstanden 1929 als sogenannte »rechte« Abspaltung von der KPD die KPD(Opposition) und 1932 als linke Abspaltung von der SPD die Sozialistische Arbeiterpartei, SAP, oder wurden Versuche gewagt, bürgerliche Sammlungsbewegungen zu initiieren. Letztere führten u. a. zur Umwandlung der DDP in die *Deutsche Staatspartei,* die aus deren Vereinigung mit dem *Jungdeutschen Orden* des Arthur Mahraun und der *Volksnationalen Reichsvereinigung* hervorging. Neu zu sammeln suchten sich konservative Kreise, die sich dem radikalisierenden Kurs Hugenbergs entgegenstellten. Drei zum Teil regional begrenzte Abspaltungen gab es allein von der DNVP: *Christlich-Sozialer Volksdienst*, die *Konservative Volkspartei* und die *Volkskonservative Vereinigung*. Nahezu allen ging es um die Überwindung des »System regelloser Massenherrschaft«, um einen »starken Staat«, einen »starken Mann«, eine »starke Partei«, die einige sich zeitweilig als einen alles übergreifenden *Hindenburg-Bund* vorstellten.

Ständig wurden neue, autoritäre Herrschaftsmechanismen gesucht, auf Teilgebieten gefunden und erprobt, mitunter verworfen oder variiert. Es gab bereits ein erstes Testen der Kompatibilität eigener zu den weiter reichenden Vorstellungen der NSDAP, sich äußernd in praktischen Schritten (dazu gehörte vor allem die von Konservativen zielorientiert herbeigeführte

Beteiligung der Nazis am Volksbegehren gegen den Young-Plan sowie an einigen Landesregierungen) und ebenso im Bemühen um eine theoretische Fundierung ihres antirepublikanischen Kurses. Letzteres war ein Betätigungsfeld solcher Vereine wie der *Gesellschaft zum Studium des Faschismus* oder konservativer Rechtsgelehrter wie Carl Schmitt. Die sogenannte Mitte der Gesellschaft begann sich des »rechten Randes« anzunehmen, ihn zu päppeln und zu hätscheln, sich ihm anzudienen und schrittweise mit ihm zu verbünden. Die Weltwirtschaftskrise hatte noch nicht eingesetzt und die NSDAP dümpelte noch bei ihrem Wahlergebnis von 2,8 Prozent vom Mai 1928 dahin, da waren schon wesentliche Weichen zum »Abmarsch nach rechts« gestellt.

V.
»Aufstieg oder Niedergang?«

Die Weltwirtschaftskrise – offen ausgebrochen am 25. Oktober 1929 mit einem überraschenden und ungeheuer tiefen Sturz der Aktienkurse an der New Yorker Börse – ergriff alle kapitalistischen Länder der Welt. Sie traf mit besonderer Wucht und Intensität Deutschland. Eine zyklisch auftretende Überproduktionskrise verschmolz hier mit der seit Jahren schwelenden Agrarkrise. Drastisch wurden die Produktionskapazitäten gedrosselt und massenhaft Arbeitsplätze vernichtet, Löhne und Gehälter rapide gesenkt. Alle Folgen der Krise gingen zu Lasten der arbeitenden Bevölkerung, des Proletariats und ebenso von Gewerbetreibenden, Händlern, Künstlern, Intellektuellen usw. Die rasch zunehmende Arbeitslosigkeit – 1932 erfasste sie rund sechs Millionen Menschen – und sinkende Kaufkraft führten noch tiefer in die Krise. Immer breitere Schichten der Bevölkerung gerieten in unhaltbares Elend. Im Krisenstrudel brachen selbst angesehene Großbanken und altbekannte Firmen zusammen. Die vor allem mit den Reparationsverpflichtungen verbundene Abhängigkeit vom internationalen, insbesondere vom US-amerikanischen Finanzkapital belastete zusätzlich die Verhältnisse in Deutschland. Doch die schlimmsten Folgen der Krise entstanden mit dem Versuch führender Kreise der deutschen Eliten, dieselbe als eine willkommene Möglichkeit zur Durchsetzung ihres bereits seit Mitte der 20er Jahre ins Auge gefassten innen- und außenpolitischen Kurswechsels zu nutzen.

Bei einem Treffen mit Reichsbankpräsident Hjalmar Schacht in der Kruppschen Villa Hügel fasste Thyssen dies 1929 in einer knappen Formel zusammen: »Diese Krise brauche ich jetzt! Nur dann sind Lohnfragen und Reparationsfragen auf einmal zu beseitigen.« Krisennutzung nach innen und nach außen – so lautete das Motto einer krisenverschärfenden Wirtschafts- und Gesellschaftspolitik, die alle Fesseln der Weimarer Verfassung zu lösen und den Versailler Vertrages völlig zu überwinden anstrebte. Die zwangsläufig zunehmenden sozialen Konflikte sollten in Kauf genommen und mit verschärftem Repressionsdruck bewältigt werden.

Eine Denkschrift markiert den Übergang der Weimarer Republik in die Krisenzeit der Weltwirtschaft. Sie wurde verfasst vom RDI und veröffentlicht am 2. Dezember 1929. Ihr Titel täuschte Alternativlosigkeit vor: »Aufstieg oder Niedergang?«[3] Die Arbeit an diesem geschichtlich bedeutsamen Dokument war schon geraume Zeit zuvor von deutschen Großindustriellen veranlasst worden. Sie hatten mit Sorge verfolgt, wie die Konjunktur der letzten Jahre sich abschwächte und die Unternehmensgewinne zurückgingen. Was vorgelegt wurde, bedeutete den Beginn verstärkter und offensiv betriebener Versuche, die Regierung nachdrücklich zu beeinflussen und zur Erfüllung oft erhobener Forderungen zu zwingen.

Die Forderungen des Reichsverbands der Deutschen Industrie

Im Einzelnen verlangte der RDI eine generelle »Umstellung« der deutschen Wirtschaftspolitik, wobei die »Förderung der Kapitalbildung« als Ausgangspunkt aller neu zu treffenden Maßnahmen zu gelten habe. Kategorisch hieß es: Die deutsche Wirt-

---

3 Aufstieg oder Niedergang? Denkschrift der Reichsverbandes der Deutschen Industrie vom 2. August 1929. Ein Auszug findet sich in: Ursachen und Folgen. Vom deutschen Zusammenbruch 1918 und 1945 bis zur staatlichen Neuordnung Deutschlands in der Gegenwart. Eine Urkunden- und Dokumentensammlung, Bd. 7, Berlin 1962, S. 649-652.

schaft müsse von allen unwirtschaftlichen Hemmungen befreit werden. Die Belastung der Wirtschaft durch Steuern sei auf ein unumgänglich notwendiges Maß zurückzudämmen. Alle Unternehmen in öffentlicher Hand sollten künftig grundsätzlich in privatwirtschaftlicher Form betrieben werden. Zu reformieren sei das Sozialversicherungswesen, ebenso die Arbeitslosenversicherung. Aufzuheben seien die bestehende Schlichtungsordnung und das, was die Industriellen als »Zwangslohnsystem« bezeichneten. Sie meinten damit die Beseitigung der staatlichen »Zwangseinwirkung auf die Gestaltung der Lohn- und Arbeitsbedingungen« und wandten sich auch gegen die Schiedssprüche bei Tarifauseinandersetzungen, welche nicht länger als verbindlich betrachtet werden dürften. Alle Ausgaben der öffentlichen Körperschaften sowie die Steuern sollten einer »wesentlichen Senkung« unterliegen. Hingegen seien die indirekten Steuern, insbesondere die Verbrauchssteuern »stärkerer Anspannung« zu unterwerfen.

Alles zielte direkt gegen die Bemühungen, errungene sozialpolitische Positionen zu bewahren. Es blieb eine Frage der Zeit, bis die Müller-Regierung kapitulieren würde. Es nützte der Sozialdemokratie auch nicht, ebenfalls einen starken Staat zu wünschen, und, wie Reichsinnenminister Carl Severing schrieb, »die Kommunisten scharf anzufassen.« Letzteres praktizierte der sozialdemokratische Polizeipräsident von Berlin, Karl Zörgiebel, am 1. Mai 1929, als er erstmals seit dem Sturz der Monarchie die traditionelle Maidemonstration verbot und sie, als sie auf Initiative der KPD trotzdem stattfand, zusammenschießen ließ. Nach dem »Blutmai« – der ähnlich verheerend alle Bemühungen für ein gemeinsames Handeln der Arbeiterparteien beeinträchtigte wie die kommunistische Losung von den »Sozialfaschisten«, die in seiner Folge in der KPD vollends Fuß fassen konnte – wurde auch der *Rote Frontkämpferbund* verboten.

Für den Sturz Müllers entscheidende Schritte unternahm die DVP nach Stresemanns Tod, dessen Warnung in seiner

Partei kein Gehör fand, nicht zu einer »reinen Industriepartei« zu werden. Im März 1930 entfachte sie eine Kampagne gegen die Arbeitslosenversicherung, der die Hauptschuld am defizitären Reichshaushalt angelastet wurde. Als sich der Reichskanzler wegen der starken gewerkschaftlichen Proteste genötigt sah, eine Gesetzesvorlage über eine erneute Erhöhung der Beiträge zur Arbeitslosenversicherung zurückzuziehen, traten mehrere bürgerliche Minister demonstrativ zurück. Das Schicksal der Großen Koalition war damit besiegelt, der Weg frei für eine umfassendere Realisierung der Forderungen deutscher Wirtschaftsverbände. Im Gegensatz zu den Koalitionen, die nach den Regeln des Parlamentarismus entstanden waren, folgte nun die Schaffung eines autoritär wirkenden Kabinetts. An dessen Spitze berief der Reichspräsident am 30. März 1930 den konservativen Zentrumspolitiker Heinrich Brüning.

Mit dem Übergang zu einer Präsidialherrschaft – sie wurde von der Sozialdemokratie als »kleineres Übel« toleriert und eröffnete durch fortschreitenden Demokratieabbau dem größeren Übel wachsender faschistischer Gefahr unheilvolle Chancen – endete eine lange und intensiv betriebene Suche nach anderen, von parlamentarischen Mehrheiten unabhängigen Regierungsmöglichkeiten. Bislang bot der Artikel 48 der Weimarer Verfassung manche Möglichkeiten autoritären Regierens, doch seine rechtlich gesetzten Grenzen wurden mehr und mehr als unzureichend angesehen. In diesem Sinne war vom Vorsitzenden des RDI, Carl Duisberg, schon 1926 gefordert worden: »Es darf nicht halbe, es muss ganze Arbeit sein, die gemacht wird. Kompromisse helfen nicht mehr. Es geht ums Prinzip, ums ganze System.« In der Sprache der Nazis hieß das: »Alles oder nichts!« Und wenn bei ihnen »Großdeutschland« bzw. »Lebensraum« im Programm stand, dann kann parallel dazu gelesen werden, dass der RDI in seinen *Veröffentlichungen* vom Oktober 1929, also noch vor dem New Yorker »Schwarzen Freitag«, die Politik aufforderte, ein »Großraum-Wirtschaftsgebiet«

zu schaffen, denn nur so sei »etwaigen Wirtschaftskrisen und sozialen Erschütterungen wirksam zu begegnen.« Schon 1928 hatte es Kampagnen der DNVP und des *Stahlhelms* gegeben, dem Reichspräsidenten mehr Befugnisse zuzubilligen und den Verfassungsartikel 54 zu streichen, der besagte, dass Reichskanzler und Reichsminister des Vertrauens einer parlamentarischen Mehrheit bedürfen.

Was seit 1930 praktiziert wurde, entsprach nicht mehr der demokratisch-parlamentarischen Verfasstheit der Weimarer Republik. Es diente dieser auch in keiner Weise, denn es lag im Grunde bereits außerhalb der Legalität politischen Handelns. Das politische Kräfteverhältnis verschob sich weiter nach rechts, womit jener Boden verfestigt wurde, auf dem alldeutsch-völkischer Nationalismus sich entfalten und schließlich faschistisch-rassistischer Ungeist triumphieren konnte. Die pseudo- und antidemokratisch-autoritären Herrschaftsformen ließen sich nicht als faschistisch charakterisieren, wie Zeitgenossen oftmals behaupteten, wohl aber waren sie dem Faschismus dienlich, ihn fördernd und bestärkend.

Notverordnungspolitik und Reichstagsauflösung

Allerdings bemühten sich Brüning und die sein Kabinett unterstützenden Parteien, die beabsichtigten sozialpolitischen Maßnahmen so zu gestalten, dass sie ihren linken Gegnern keinen »bedenklichen Agitationsstoff« bieten würden. Der Kanzler strebte vor allem ein Ermächtigungsgesetz an, da parlamentarische Mehrheiten für weitere Notverordnungen zwar notwendig, aber nicht zu erwarten waren. Im Kabinett wurden auch Wahlrechtsänderungen erwogen. Allein die Themen, die in den Ministergesprächen mehrfach zur Debatte standen, sprechen Bände: Osthilfe, Reform der Arbeitslosenversicherung und der Krankenversicherung, Maßnahmen zur Verhütung »unwirtschaftlicher Preisbindungen«, Einführung einer »Bürgersteuer«, Senkung der »Industriebelastung«, Erhöhung von Agrarzöllen,

Handelsverträge u. ä. m. Im Kabinett hieß es mit dem Blick auf den Wahlkampf demagogisch: »Dieser ganze Verordnungsinhalt müsse gerechtfertigt werden mit der Devise: Aufrechterhaltung (sic!) der Arbeitslosenversicherung und Maßnahmen zur Ermöglichung der Beschäftigung der Arbeitslosen.«

Als am 18. Juli 1930 eine Mehrheit des Reichstages gegen eine Reihe von Notverordnungen des Brüning-Kabinetts stimmte, löste Hindenburg das Parlament auf. Wieder einmal hielten dafür die Artikel 48 und 25 der Weimarer Verfassung her. Andere Artikel dieses Grundgesetzes blieben indessen unberücksichtigt: Niemals hätten dieselben Notverordnungen nach dem Nein des Parlaments wieder in Kraft gesetzt werden dürfen, doch genau das tat die Regierung. Mit Recht sprechen Kritiker von einem Staatsstreich.[4] Brüning redete hingegen – wider besseres Wissen und eigene Zielsetzung – davon, dass er den Parlamentarismus nicht abschaffen, sondern ihn etwas verändern wolle, um ihn retten zu können.

Zum Kurswechsel nach rechts gehörte auch ein zunehmend unkritischeres Verhältnis konservativer und rechtsliberaler Kräfte zu jener neuen Partei, die rechts von ihnen ganz offen den Kampf gegen alle Ergebnisse der Novemberrevolution, gegen die Weimarer Republik, für eine umfassende Revision der Ergebnisse des Ersten Weltkrieges und für Deutschlands Vormachtstellung in der Welt auf ihre Fahnen schrieb. Es mehrte sich die Zahl der lokalen und regionalen Bündnisse rechter Organisationen mit den Nazis. Antifaschisten wurden weitgehend behindert. Auch flossen mehr Gelder in die Kassen der NSDAP. Vor allem deren 1929 erfolgte Aufnahme in die Reihen der Organisatoren eines Volksbegehrens gegen den die deutschen Reparationszahlungen betreffenden Young-Plan hatte sie »salonfähig« gemacht. Den meisten der nationalistisch-antidemo-

---

4 Wolfgang Abendroth: Einführung in die Geschichte der Arbeiterbewegung, Heilbronn 1997, S. 249.

kratischen Parteien und Verbänden schien sie ein nützlicher Bündnispartner zu sein. Auch mit ihrer Hilfe wollte man angeblich alle Wirtschaftsprobleme allein durch das Brechen der »Knechtschaft von Versailles« gelöst sehen, vor allem aber die Aktionskraft der organisierten Arbeiterbewegung schwächen.

Die autoritär regierenden Kräfte fühlten sich von den wachsenden Erfolgen der NSDAP kaum bedroht. Dabei hatte diese bei der Landtagswahl in Thüringen vom 8. Dezember 1929 zum ersten Mal die Zehn-Prozent-Hürde übersprungen, in Coburg bei Kommunalwahlen sogar eine absolute Mehrheit erringen können. Bei den sächsischen Landtagswahlen vom 22. Juni 1930 fielen ihr 240.000 Stimmen mehr zu als zuvor. Sie erreichte einen Anteil von 14,4 %, während für die KPD nur 11.000 Wähler mehr als zuvor votierten und die SPD sogar 54.000 verlor. Zunehmender Einfluss zeigte sich deutlich an Universitäten und Hochschulen, ebenso an Gymnasien und Oberrealschulen. Die Nazis ernteten hier, was die in ihrer Mehrheit konservative, teils stockreaktionäre, parteipolitisch zu einem guten Teil deutschnational orientierte Professoren- und Lehrerschaft an nationalistischen, revanchistischen und rassistischen Ideen gesät hatte. Schon 1929 hatte der *Nationalsozialistische Studentenbund* an der Technischen Hochschule Berlin-Charlottenburg bei den Wahlen der Allgemeinen Studentenausschüsse 38 % der Stimmen erhalten. Ein Jahr später verbuchte er sogar 66,6 % der Wähler, abgejagt den konkurrierenden Rechtskräften und den waffentragenden Verbindungen.

Nach der Auflösung des Reichstages begann ein erbittert geführter Wahlkampf. Die in der Regierung vertretenen Parteien gaben vor, gegen jeden Radikalismus auftreten zu wollen. Im Auge hatten sie indessen nur die Arbeiterparteien. Zwar rechnete man auch mit einem gewissen Zuwachs für die NSDAP, doch der wurde als relativ klein und unerheblich eingeschätzt. Brüning erklärte am 31. August 1930 in Trier sogar, es könne doch keinem verantwortlichen deutschen Staatsmann in den Sinn kommen, das deutsche Volk »in Abenteuer irgendwelcher Art zu verstricken.« Mit sich selbst beschäftigt und um die Durchsetzung der Notverordnungen bemüht, wurden alle Gefahren außer Acht gelassen, die von der erstarkenden NSDAP ausgingen. Eine völlige Fehlbeurteilung der politischen Lage zeigte sich auch im sorglosen Umgang mit einer Denkschrift, die 1929/30 im preußischen Innenministerium ausgearbeitet worden und zu dem Ergebnis gekommen war, die NSDAP sei eine staats- und republikfeindliche, hochverräterische Verbindung. Die Reichsregierung meinte indessen ausweichend, sich zur Frage von deren Legalität oder Illegalität nicht äußern zu können.

Warnende, ja geradezu beschwörende Stimmen vor dem, was eine erfolgreiche NSDAP mit sich bringen würde, kamen vor allem aus den Reihen von KPD, SPD und Gewerkschaften. Sie sahen in den Hakenkreuzlern die größte Gefahr, warnten vor dem Faschismus und erreichten bei Großveranstaltungen mit dem Motto »Nie wieder Krieg«, z.B. am 1. August 1930 in Berlin, mehrere zehntausend Menschen; die eine fand allerdings im Lustgarten, die andere auf dem Winterfeldtplatz statt. Von antifaschistischer Gemeinsamkeit keine Spur, im Gegenteil: SPD und KPD nutzten jede Gelegenheit, sich gegenseitig zu beschuldigen. Da diffamierten die einen die anderen als »Sozialfaschisten«, jene wiederum die anderen als »rotlackierte Nazis«. Demokraten und Pazifisten, die wie Carl von Ossietzky in *Die Weltbühne* vom Februar 1930 den »Rotkoller« der Herrschenden erkannt hatten, zeigten sich vom realitätsfernen Verhalten der Arbeiterparteien enttäuscht.

Niemandem kam die Auflösung des Reichstages gelegener als den Nazis. Man stehe, so erklärte Hitler am 2. August an der »Wende des deutschen Schicksals« und werde ein Vielfaches gegenüber der bisherigen Zahl an Stimmen erhalten. Seine Hoffnung war nicht unbegründet: Die NSDAP verbuchte einen erheblichen Zulauf an Mitgliedern. Auch dadurch wuchsen ihre finanziellen Mittel, wovon auch der Ankauf des Barlowschen

Palais im Zentrum Münchens zeugte, das nach seinem Umbau den Namen »Braunes Haus« erhielt. Wiederholte Aufrufe an Mitglieder und Gönner, Erwerb und Einrichtung dieses verschämt »Zentralheim« genannten Palastes finanzieren zu helfen, sollten auch vertuschen, dass es schließlich vor allem eine aus einem Darlehen hervorgegangene Spende Fritz Thyssens war, die dem Zentralapparat der Faschistenpartei zu feudaler Residenz und höherer Funktionstüchtigkeit verhalf. In dem Schwerindustriellen besaß die NSDAP eine ihrer verlässlichsten Stützen im Ruhrgebiet, wo traditionell die Deutschnationalen gefördert wurden. Thyssen – nach früherer Mitgliedschaft im Zentrum noch Mitglied der DNVP – blieb der NSDAP verbunden und bis Anfang 1932 deren Stadtverordneter in Mülheim/Ruhr. Viele Großindustrielle folgten ihm, wenngleich sie dies zumeist nicht derart demonstrativ taten.

Ihren Wahlkampf führte die NSDAP sowohl gegen die beiden Arbeiterparteien als auch gegen die anderen bürgerlichen Parteien. Hitler sprach vom Elend, das der Marxismus dem deutschen Volke aufgeladen habe: »Sozialdemokratie und Kommunismus haben gemeinsam Deutschland in dieses namenlose Unglück gestürzt, beide müssen vernichtet werden«. Zugleich klagte er das Bürgertum an, da es mit der »Pest des Marxismus« paktiere. Alle wurden als Novemberverbrecher und Systemparteien beschimpft. Plakate zeigten »saufende Minister« und »feiste Bonzen«. Bestechungsskandale, in die Beamte verwickelt waren, wurden weidlich ausgebeutet, um das als verkommen bezeichnete Gemeinwesen anzuprangern. Es müsse durch einen sauberen Staat ersetzt werden. Solche Attacken appellierten an eine unausgegorene Gedankenwelt unter Anhängern und Suchenden, knüpften an Unzufriedenheit, Enttäuschungen und verletzte Gefühle an. Den vorgetäuschten Antikapitalismus nahm die wachsende Gefolgschaft hin, ohne zu bemerken, wie sorgsam mit der antisemitisch orientierten Trennung von »schaffendem« und »raffendem« Kapital vermieden wurde, die kapitalistische

Gesellschaft als Ganze anzugreifen. Einzelne Politiker und deren Parteien erschienen als die Alleinschuldigen am Massenelend. Ihre Beseitigung und Ersetzung durch eine von Hitler geführte Regierung sollte als Ausweg erscheinen. Doch wie? Dafür boten die Nazis an: »Ausrottung des Marxismus«, »Raumerweiterung« und Durchsetzung »deutscher Grundwerte« in der ganzen Welt. Man dürfe nicht von »Brüderlichkeit« oder »Nie wieder Krieg« faseln, denn das sei zu allen Zeiten nur »ein faules Lügengewäsch« gewesen.

Zu der rund 34.000 Veranstaltungen umfassenden Wahlkampagne der Nazis gehörte auch ein immer rabiateres Vorgehen gegen Kommunisten, Sozialdemokraten und Gewerkschafter. Die in Uniform und in Zivil auftretenden Schlägertrupps verübten Anschläge auf das Eigentum von Arbeiterorganisationen, überfielen politische Gegner mit Revolvern, Hieb- und Stichwaffen. Demonstrativ bekannten sich SA-Führer zu individuellem Terror. Zugleich perfektionierte die NSDAP Organisation und Technik ihres öffentlichen Auftretens. In Städten mietete sie die größten Versammlungshallen und verstand es meist, sie berstend zu füllen, so dass häufig Übertragungen per Lautsprecher ins Freie oder in benachbarte Säle notwendig wurden. Auch dadurch gewann die Öffentlichkeit den Eindruck, dieser Partei würden die Massen unaufhaltsam zuströmen. SA-Trupps, die vor den Rednerbühnen aufzogen, suggerierten Jugendlichkeit, Kraft und Geschlossenheit und standen bereit, jeden Zwischenrufer aus dem Saal zu prügeln. Systematisch wurde die Bevölkerung der Kleinstädte und des platten Landes bearbeitet. Die NSDAP schickte geübte Parteiredner auch in entlegene Gebiete. Manche von ihnen waren in der seit dem 1. Juli 1929 ins Leben gerufenen Rednerschule vorbereitet worden, nach deren Besuch sie eine parteiamtliche Anerkennung erfuhren. Sie hatten ein festgelegtes Pensum von Einsätzen zu bestreiten und ihre Dienste wurden nach jedem Einsatz auch finanziell belohnt.

30. September 1930: Die NSDAP wird zweitstärkste Partei

Der sich als »nationalsozialistisch« drapierenden Partei des deutschen Faschismus brachte die Wahl einen ersten großen Erfolg: Nahezu sechseinhalb Millionen Wähler votierten für sie. Ihr Stimmenanteil erhöhte sich von den mageren 2,8 % – erreicht im Mai 1928 – auf 18,3 %. Die größten Zugewinne verbuchte sie in Nord- und Ostdeutschland. In Schleswig-Holstein stieg ihr Anteil von 4 % sogar auf 27 %, auch in Ostpreußen, Pommern, in der Provinz Hannover und in Mecklenburg erreichte sie über 20 %. Der 14. September 1930 machte sie sensationell

Tabelle 2: Die Reichstagswahlen vom 30. September 1930

Partei	**Stimmen**	**Sitze**
SPD	24,5 % (-5,3%)	143 (-10)
NSDAP	18,3 % (+15,7 %)	107 (+95)
KPD	13,1 % (+2,5 %)	77 (+23)
Zentrum	11,8 % (-0,3 %)	68 (+7)
DNVP	7,0 % (-7,3 %)	41 (-32)
DVP	4,5 % (-4,2 %)	30 (-15)
Reichspartei des deutschen Mittelstandes (Wirtschaftspartei)	3,9 % (-0,6 %)	23 (±0)
Deutsche Staatspartei	3,8 % (-1,0 %)	20 (-5)
Christlich-Nationale Bauern- und Landvolkpartei (Deutsches Landvolk)	3,1 % (+1,2 %)	19 (+10)
BVP	3,0 % (-0,1 %)	19 (+2)
Christlich-Sozialer Volksdienst	2,5 % (–)	14 (+14)
Deutsche Bauernpartei	1,0 % (-0,6 %)	6 (-2)
Konservative Volkspartei	0,8 % (–)	4 (+4)
Reichspartei für Volksrecht und Aufwertung (Volksrechtspartei)	0,8 % (-0,8 %)	0 (-2)
Landbund	0,6 % (-0,1 %)	3 (±0)
Deutsch-Hannoversche Partei	0,4 % (-0,2 %)	3 (-1)
Sonstige	0,9 % (-0,8 %)	0 (±0)

zur zweitstärksten Partei, unter den bürgerlichen Parteien sogar zur stärksten. Sie verfügte jetzt über 107 Sitze im höchsten deutschen Parlament, 95 mehr als bis dahin. Profitiert hatte sie sowohl von den Schwächen aller anderen Parteien, von den allgemein verwendeten nationalistischen Parolen und ihren eigenen sozialpolitischen Verheißungen, aber auch von einer sehr hohen Wahlbeteiligung. Zahlreiche Jugendliche hatten sich ihr zugewandt, auch solche aus proletarischen Kreisen. Die rechten bürgerlichen Parteien erlitten hingegen herbe Verluste. Die DVP ging von 8,7 % auf 4,5 % zurück, die DNVP von 14,2 % auf 7,0 %. Auch die Sozialdemokratie sank um 5,3 Prozentpunkte, obgleich sie immer noch mit 24,5 % stärkste Partei war. Die Kommunisten hatten sich um 2,5 Prozentpunkte verbessert und kamen jetzt auf 13,1 %. Allein die großbürgerlich-katholische Zentrumspartei und die BVP konnten ihren Wählerstamm bewahren.

Als der neue Reichstag am 13. Oktober 1930 eröffnet wurde, kam es sofort zu einem Eklat: Die 107 Abgeordneten der NSDAP erschienen alle in brauner Parteiuniform und verstießen damit provokativ gegen das in Preußen geltende Uniformverbot. Dennoch brauchten sie eine Strafverfolgung nicht zu befürchten, da dazu ihre politische Immunität hätte aufgehoben werden müssen. Zugleich erlebte Berlin an diesem Tag pogromartige Ausschreitungen. Für Juden gehaltene Passanten wurden von SA-Leuten beschimpft und verprügelt, dem Kaufhaus Wertheim wurden die Schaufensterscheiben eingeworfen.

Im Reich und auch im Ausland wuchsen Befürchtungen vor einem erneuten Putsch der NSDAP, zumal diese die Parole verbreitete: »Nach dem Sieg – Bindet den Helm fester!«. Doch anders als noch im Herbst 1923 bemühte sich ihre Führung zugleich, den Ludergeruch von Unzuverlässigkeit und illegitimem Verhalten gegenüber Bündnispartnern loszuwerden. Eine demonstrativ genutzte Gelegenheit bot ein Prozess vor dem Leipziger Reichsgericht, der vom 23. September bis zum

4. Oktober 1930 gegen drei ehemalige Reichswehroffiziere stattfand, die in Kontakt mit SA-Führern versucht hatten, im Heer nationalsozialistische Zellen zu bilden. Der als Zeuge geladene Hitler konnte eine zweistündige Rede über die angebliche vollkommene Legalität der Methoden und Ziele seiner Partei halten. Obwohl dem obersten Gericht der Republik zahlreiche Dokumente vorlagen, durch welche die hochverräterische Tätigkeit der NSDAP bewiesen wurde, konnte Hitler unbestritten behaupten, seine gesamte Partei lehne eine gewaltsame Beseitigung der Verfassung ab. Die SA sei ohne militärischen Charakter, waffenlos und lediglich als Schutztruppe gegen linke Überfälle bestimmt. Werde in seiner Bewegung von »Revolution« gesprochen, sei lediglich ein geistiger Prozess gemeint. Als Hitler darauf eine oft zitierte Stelle aus den *Nationalsozialistischen Briefen* vorgehalten wurde, wonach er selbst drohend angekündigt hatte, dass im Kampf um die Macht Köpfe in den Sand rollen würden, gab er dem zynisch die Auslegung, der Henker werde erst nach dem Sieg seiner Bewegung und dann auf der Grundlage von Urteilen eines Staatsgerichtshofes in Aktion treten.

Der Abbau parlamentarisch-demokratischer Verhältnisse ging Hand in Hand mit verstärkten Forderungen nach einer Revision des Versailler Vertrages, aber auch mit einer Verstärkung des Kurses deutscher Außenpolitik auf selbstverständlich neue Kriegsgefahren heraufbeschwörende revisionspolitische und darüber hinaus gehende Zielsetzungen. Zunehmend wurde versucht, die im nationalstaatlichen Rahmen bestehenden Probleme durch wirtschaftliche und politische Expansion nach außen, also in einer verschärften Konkurrenz zu anderen Ländern lösen zu wollen, einschließlich militärischer Mittel. Die inzwischen international erreichten Positionen sollten unter Nutzung der Krise gefestigt und ausgebaut werden. Zwar hatte das deutsche Revisionsbestreben bereits vorzeigbare Ergebnisse erzielen können, doch diese entsprachen bei weitem nicht jenen Zielen, die Großindustriellen, Großagrariern und Reichswehrgenerälen seit

Ende 1918 als strategisch vorrangig und ausschlaggebend galten. Die im Friedensvertrag gesetzten engen Grenzen für eine deutsche Militärmacht hatten sich in einigen Fällen umgehen lassen, die militärischen Sanktionsmaßnahmen der Alliierten im Rheinland waren aufgehoben, die Tätigkeit der Interalliierten Militär-Kontroll-Kommission beendet worden. Faktisch wurden seit 1931 keine Reparationen mehr gezahlt, nachdem der US-amerikanische Präsident Herbert Clark Hoover einen Zahlungsaufschub initiiert hatte. Dennoch setzte die Brüning-Regierung rigoros Sparmaßnahmen durch. Ihre Krisenbewältigungsstrategie sah sich dem Ziel untergeordnet, die Krise für eine Intensivierung des Kurses auf eine umfassende Revision des Versailler Vertrages zu nutzen. Zugleich gab man an, gegen die zu erwartenden »Schäden« vorgehen zu müssen, welche die Abrüstungsbemühungen des Völkerbundes für Deutschland mit sich bringen würden.

Die stets wiederholte Behauptung, Versailles sei die entscheidende Ursache der großen Wirtschaftskrise, heizte zunehmend nationalistische, zunehmend auch rassistisch-antisemitische Stimmungen an. Offensiv wurde der weit über die Arbeiterbewegung und die pazifistischen und linksdemokratisch-republikanischen Organisationen hinaus verbreiteten Forderung »Nie wieder Krieg« begegnet. Bürgerliche Politiker und Militärs befürchteten, am Ende eines neuen Waffengangs könnte es wie im Jahr 1918 erneut einen 9. November geben. Ihre Schlussfolgerung: Militärische Hochrüstung um jeden Preis und zu deren Absicherung verstärkte Gewalt nach innen. Für die Verwirklichung genereller Ziele fehlte es in dieser Situation allerdings noch an notwendigen Voraussetzungen: Der Wiederaufrüstung des Reiches – eingebettet in die Forderung nach einer »gleichberechtigten Rüstung« – stand nach wie vor das internationale Kräfteverhältnis entgegen. An diesem scheiterte auch der von Reichsaußenminister Julius Curtius betriebene Plan, das Reich mit Österreich in einer gemeinsamen Zollunion zu vereinen.

Generalangriff der Harzburger Front

Die Welle der Bankrotterklärungen großer Banken im Sommer 1931 nutzend, startete die DNVP einen neuen Versuch, die vom Präsidialregime bereits eingeschränkten, jedoch noch vorhandenen parlamentarisch-demokratischen Regeln des Regierens vollends zu beseitigen. Hugenberg bemühte sich, alle im Reich wirkenden Rechtskräfte für ein großes, aufsehenerregendes Treffen zu mobilisieren. In politisch beeindruckender Gemeinsamkeit sollte dieses vom Reichspräsidenten verlangen, Brüning zu entlassen.

Was damit bezweckt war, brachte eine Gruppe prominenter Industrieller in einem Brief an Brüning auf den Punkt: »Man muss der Wirtschaft die Fesseln abnehmen und ihr das Wirtschaften nach den ewig gültigen ökonomischen Gesetzen wieder freigeben, damit sie ihre Kräfte entfalten kann.« Am 6. September schrieb Paul Reusch, Generaldirektor der Gutehoffnungshütte, an Ludwig Kastl, geschäftsführendes Präsidialmitglied des RDI, er sei der Meinung, dass Brüning die in ihn gesetzten Erwartungen nicht erfüllt hätte. Der Kanzler habe nicht den Mut aufgebracht, sich von der Sozialdemokratie zu trennen und den Einfluss der Gewerkschaften, auf die alles Unheil zurückzuführen sei, zu brechen. Daher müsse er nun von der Industrie »auf das allerschärfste bekämpft werden«. Wenige Wochen darauf, am 29. September, warfen elf der bedeutendsten Wirtschaftsverbände in einer gemeinsam verfassten Erklärung der Regierung Inaktivität vor. Obgleich der RDI als wichtigster Industriellenverband sich nicht auf einen Generalangriff auf Brüning festlegen lassen wollte, schrumpfte zusehends sein diesem gebotener Rückhalt. Wie andere Wirtschaftsverbände vertrat auch er die Meinung, es müsse Schluss gemacht werden mit einem »politisch diktierten Wirtschaftssystem«. Es dürfe keinerlei Kompromiss geben zu Ungunsten individualistischen Wirtschaftens. Daher wurde gefordert, die Ausgaben der öffentlichen Hand weiter umfassend abzubauen, das Tarif- und Schlichtungswesen zu »reformieren«

und sich abzuwenden von einer »übertriebenen Ausweitung der Sozialversicherung« einschließlich der Arbeitslosenversicherung sowie von einer »Überspannung des Fürsorgeprinzips«.

Parallel dazu inszenierte der *Alldeutsche Verband* eine Brief-Kampagne: Personen, auf deren Urteil der Reichspräsident großen Wert legte, schrieben diesem fordernd, er möge den Weg zu einer »nationalen Rechtsregierung« unter einem Kanzler Hugenberg freimachen. Zu den Absendern gehörten der westfälische Großgrundbesitzer Fürst zu Salm-Horstmar, der Vorsitzende des RLB Graf von Kalckreuth, Prinz zu Schoenaich-Carolath als Sprecher schlesischer Magnaten, Emil Kirdorf als Senior der Ruhrindustriellen, Fritz Thyssen, Albert Vögler und Ernst Brandi von der Vereinigten Stahlwerke AG, dem größten deutschen Montantrust, Generaldirektor Fritz Springorum vom Hoesch-Konzern, Louis Ravené vom Eisengroßhandel, der Hamburger Werftenherr Rudolf Blohm u. a. m. In Harzburg hieß es dementsprechend, die nationale Opposition stehe vor der Einleitung eines »Entscheidungskampfes«, denn es gelte nunmehr, das »heutige System« endgültig niederzuringen.

Demonstrativ fand das Treffen in Harzburg wenige Tage vor einer neuen Sitzung des Reichstages statt, nachdem dieser ein halbes Jahr lang in eine Zwangspause geschickt worden war. DNVP und NSDAP planten, am 13. Oktober einen Misstrauensantrag gegen die Regierung stellen. Ihm sollte zuvor außerordentlicher Nachdruck und breite Popularität verliehen werden. Brüning – noch von einer bourgeoisen Mehrheit gestützt sowie vom Vertrauen Hindenburgs getragen – konterte allerdings und bildete sein Kabinett am 9. Oktober um. Entlassen wurde Joseph Wirth, der sich schärfer als andere Minister gegen die Nazipartei gewandt und nicht viel vom Vorschlag des Reichswehrministers Groener für ein Verbot der KPD gehalten hatte. Doch ausgerechnet dem wurde das Amt des Innenministers übertragen, womit er über zwei der wichtigsten Machtinstrumente der Weimarer Republik verfügte: Armee und Staatsapparat. Der

Kanzler übernahm auch das Amt des Außenministers. Neuer Wirtschaftsminister wurde Hermann Warmbold, ein Vorstandsmitglied der IG Farbenindustrie AG, des größten europäischen Chemie-Unternehmens. Weitere Großindustrielle einzubinden misslang jedoch, so dass rechte Kreise die Neuformierung der Regierungsmannschaft als eine Notlösung bewerteten.

Im Vorfeld des Harzburger Treffens zeigte sich, dass einer ganzen Reihe von Großunternehmern und Großgrundbesitzern, Generälen der Reichswehr und Monarchisten die Entwicklung nach rechts weder schnell noch weit genug ging. Seit dem Frühjahr, verstärkt ab Sommer 1931 forderten sie eine abrupte Hinwendung zu unbehinderter autoritärer Diktatur. Unter der Parole »Unternehmer an die Front!« verlangten sie von ihresgleichen auf allen Gebieten mehr politische Aktivitäten, um die Regierungspolitik rigoros auf ihren Kurs festlegen zu können. Ganz in diesem Sinne gestalteten sich die Verbindungen zwischen den NSDAP-Führern und Angehörigen des Finanz- und Industriekapitals, des großen Grundbesitzes und der Militärkaste immer enger. So konnte die Partei nunmehr, anders als noch zur Zeit des Volksbegehrens gegen den Young-Plan, vollständig gleichberechtigt auftreten. Gleichsam geadelt durfte sich Hitler fühlen, als er unmittelbar vor seiner Fahrt nach Bad Harzburg erstmalig vom Reichspräsidenten zu einem Gespräch empfangen wurde. Als Ziel einer Beteiligung der NSDAP am Harzburger Treffen nannte Joseph Goebbels am 9. Oktober im Berliner Sportpalast, anzustreben sei ein »grundlegender Systemwechsel« und die Bildung einer Regierung, in der seine Partei für sich die Führung beanspruche.

Weder das terroristische Auftreten noch das rassistisch-antisemitische Gebaren der NSDAP und erst recht nicht ihre Mitwirkung an der *Harzburger Front* hinderten Großindustrielle, sich für diese zu engagieren. An den Beratungen und Kundgebungen des 11. Oktober beteiligten sich einige bekannte wie auch weniger prominente Generaldirektoren und Direktoren aus

Bergbau und Hüttenwesen, der Kali- und der Werftindustrie; andere stimmten zwar mit den Ideen der Organisatoren überein, zeigten sich aber nicht bereit, dies auch öffentlich zu bekunden. Möglicherweise befürchteten sie, Brüning werde seine Drohung wahr machen und im Falle seines Sturzes pikante Details aus dem Innenleben von Großindustrie und Bankwesen publizieren. Vertreten waren ferner der ehemalige Präsident der Reichsbank Hjalmar Schacht und der Bankier Emil Georg von Stauß, die Generale Hans von Seeckt, Rüdiger Graf von der Goltz und Walther Freiherr von Lüttwitz, der Hohenzollernprinz Eitel Friedrich von Preußen sowie eine Reihe von Großagrariern und Funktionären des RLB.

In Bad Harzburg versammelte sich die größte Schar der politischen Rechten, die man jemals öffentlich beisammen gesehen hatte. Allen in ihrer Kritik an Brüning regelrecht wetteifernden Rednern galt stürmischer Applaus. Den erhielt in hohem Maße auch Hitler, vor allem aber Hjalmar Schacht, der allein mit seinem unangekündigten Erscheinen und seinem Vortrag großes Aufsehen erregte. Die feierlich bestätigte Entschließung beschrieb eine apokalyptische Lage des Reiches. Regierung und Staat hätten versagt »gegenüber dem Blutterror des Marxismus, dem fortschreitenden Kulturbolschewismus und der Zerreißung der Nation durch den Klassenkampf«, sie hätten gegenüber dem Ausland eine »Politik der Unterwürfigkeit« betrieben und Deutschland politisch, wirtschaftlich und militärisch »entmannt«. Hindenburg wurde beschworen, in letzter Stunde durch Berufung einer wirklich nationalen Regierung den rettenden Kurswechsel herbeizuführen.

Die Schlachtordnung der Reaktion gegen die parlamentarisch-demokratische Verfasstheit der Weimarer Republik schien hergestellt, wenngleich nicht völlig geordnet. Denn nichts konnte verdecken, dass NSDAP und DNVP sich weder über Führung und Zusammensetzung des Kabinetts noch über dessen Programm hatten einigen können. Da weder die Konservativen noch die Nazis eine Chance sahen, auf eigene Faust voranzukommen, ließ sich absehen, dass über alle Meinungsverschiedenheiten hinweg die Verständigungsversuche sich wiederholen würden. Hitler und die Seinen waren auf dem besten Wege, in diesem gemeinsamen Konzert die erste Geige zu spielen, sich vom Juniorpartner und Kompagnon zum Favoriten zu mausern. Für die NSDAP sprach, dass sie über eine im Großen und Ganzen einheitliche Parteispitze verfügte und zunehmend einen Massenanhang aufbieten konnte, während Hugenberg als Person und seine Politik selbst in der DNVP umstritten waren. Zudem stagnierte deren Partei- und Wählerbasis, wenngleich sie noch darauf vertrauen durften, in der deutschen Gesellschaft und quer durch alle Oberschichten als jene politische Kraft zu gelten, deren Haltung zu Macht, Eigentum, Privilegien und Tradition keinem Zweifel unterlag; sie besaß nicht nur die älteren, sondern auch die vertrauteren Beziehungen zu Hindenburg und den Militärkreisen.

Eliten im Führungsstreit

Ebenso zielten die Konzepte von Regierung, Reichswehrführung und *Zentrum*, unterstützt lediglich von einigen der deutschnationalen Politiker, auf eine als für sie selbst nutzbringend betrachtete juniorpartnerschaftliche Eingliederung der NSDAP in den bestehenden Herrschaftsapparat, ohne allerdings die eigene Führung abgeben zu wollen. Vieles lief auf eine schwarz-braune Koalition hinaus. Hingegen erstrebte die DNVP eine erfolgreiche Fortsetzung der *Harzburger Front*. Geschürt wurden indessen wabernde nationalistische Stimmungen, zunehmend auch rassistisch-antisemitische. Alles drängte den politischen Kurs weiter nach rechts. Dies vollzog sich schrittweise, nicht geradlinig und auch nicht durchgehend. Es gab Unterbrechungen oder sogar retardierende Momente. Unter den ökonomisch und politisch Mächtigen wurde intensiv und ernsthaft gestritten, wobei es sowohl um die Frage ging, bis zu welchen Schmerzgrenzen hin durch Notverordnungen Löhne gekürzt und gespart werden können, als auch um Varianten und Modalitäten des weiteren Weges imperialer deutscher Machtentfaltung. Und immer wog man sorgfältig die eigenen Vorteile ab. Ihre letztlich kapitalistischer Konkurrenz entspringenden Interessen standen im Vordergrund.

Das zeigte sich auch Ende 1931 und zu Beginn des Jahres 1932, als es galt, die anstehende Wahl des Reichspräsidenten vorzubereiten. Da tauchte der Gedanke auf, die Volkswahl des Staatsoberhauptes auszuhebeln und dessen Amtszeit mit Hilfe einer Zweidrittelmehrheit des Reichstages zu verlängern. Als dieses Vorhaben scheiterte, wurde der 84-jährige Hindenburg von einem Komitee konservativer, angeblich außerhalb der Parteien stehender Persönlichkeiten als Kandidat für dieses Amt nominiert.

In der NSDAP setzte, als sich ein »Ja« der Sozialdemokratie zur Wiederwahl Hindenburgs abzeichnete, hektische Betriebsamkeit ein. Für sie hatte sich ein neuer Weg aufgetan, um Macht erringen zu können: Es musste nicht unbedingt die Spitze der Regierung erobert werden, auch der Stuhl des Staatsoberhauptes hätte ihr gedient. Daher lehnte sie die Vorstellungen des Brüning-Kabinetts für eine schwarz-braune Koalition ab und plante Hitlers Kandidatur. Dieser wusste allerdings sehr genau, wessen Unterstützung er hauptsächlich bedurfte, um mit einiger Aussicht auf Erfolg ins Rennen zu gehen. Am 26. Januar 1932 sprach er auf einer Veranstaltung, die Fritz Thyssen im Düsseldorfer Industrieklub arrangierte. Den etwa 300 Konzernherren und Bankiers stellte Hitler das Lebensraum-Konzept der deutschen Faschisten vor. Die Demokratie bezeichnete er als die »Herrschaft der Dummheit«, im geplanten Machtstaat würde der »Marxismus bis zur letzten Wurzel« ausgerottet. Ihm wurde begeistert applaudiert – das Protokoll vermerkt: »Stürmischer, langanhaltender Beifall«. Und Spenden gab es reichlich. Erst danach – am 2. Februar, wie Goebbels in seinem Tagebuch berichtet – entschied sich Hitler definitiv zu kandidieren.

Im bürgerlichen Lager spitzten sich die Auseinandersetzungen um das höchste Staatsamt auf die Frage zu, ob Hindenburg Reichspräsident bleiben oder Hitler das Amt übernehmen könne. Die Nominierung des stellvertretenden *Stahlhelm*-Chefs Theodor Duesterberg als Kandidat der DNVP spielte kaum noch eine Rolle. Die KPD nominierte erneut Thälmann und ging in den Wahlkampf mit der – im Nachhinein nahezu prophetisch klingenden – Losung »Wer Hindenburg wählt, wählt Hitler! Wer Hitler wählt, wählt den Krieg!«. Demgegenüber vertrat die SPD die Auffassung, Hindenburg müsse gewählt werden, um Hitler schlagen zu können. Ganz im Sinne ihrer Politik des »kleineren Übels« verwendete sie sogar arg realitätsfremde Argumente: Sie bescheinigte Hindenburg, er sei »unparteiisch«, für einen Staatsstreich nicht zu haben und ein Garant der Republik. Und es hieß: Jede Stimme, die Thälmann »entrissen« und Hindenburg zugeführt werde, sei ein »Schlag gegen Hitler«.

Am 13. März 1932 verfehlte Hindenburg knapp die Mehrheit. Er erhielt 49,6% der Stimmen, Hitler 30,1% und Thälmann 13,2%. Obwohl der Feldmarschall im dadurch notwendig gewordenen zweiten Wahlgang am 10. April 1932 mit 19,3 Mill. Stimmen gewann, durften sich die Nazis gestärkt fühlen: Statt der 11,3 Mill. Wähler hatten sich nun 13,4 Mill. für Hitler ausgesprochen. Auch die Landtagswahlen vom 24. April 1932 in Bayern, Württemberg, Anhalt und Hamburg, vor allem aber die in Preußen verliefen für sie erfolgreich. In dem mit 38 Millionen Einwohnern und auch territorial größten unter den Ländern des Reiches gewannen sie 162 von 420 Mandaten und waren dem Ziel näher gekommen, auch über Preußen die Macht im Reich zu erobern. Vier Jahre zuvor hatten hier die Sozialdemokraten nahezu ein Viertel der Stimmen gewinnen können und seither in einer Koalition mit *Zentrum* und DDP regiert.

Manches war in Preußen, anders als im Reich, zu Gunsten der Weimarer Demokratie getan worden. Unter den Beamten konnten die alten Eliten teilweise zurückgedrängt werden. Immerhin standen am Ende der zwanziger Jahre 291 politische Beamte aus den Reihen der Koalitionsparteien an der Spitze von insgesamt 540 höheren Behörden. Von elf Oberpräsidenten gehörten neun und von 32 Regierungspräsidenten 21 den Regierungsparteien an. Nahezu alle führenden Polizeibeamten galten als Republikaner. Von dreißig Polizeipräsidenten gehörten 1928 fünfzehn der SPD, fünf dem Zentrum, vier der DDP, drei der DVP an, drei waren parteilos. Trotz jener Machtpositionen, die nach wie vor in den Händen konservativer Kräfte lagen, durfte Preußen als ein Land gelten, das den drohenden Gefahren wirksame Barrieren hätte entgegensetzen können.

Nicht zuletzt wegen dieser politischen Haltung kam es immer wieder zu Konflikten zwischen dem Land Preußen und der Reichsregierung. Für das Ringen jener, die übereinstimmend die Partei der deutschen Faschisten ablehnten und vor den Gefahren einer Diktatur sowie eines neuen Krieges warnten, hätte Preußen Erhebliches leisten können. Dies nicht allein wegen der großen Schar an Polizisten und der Verfügung über einen starken bürokratischen Apparat. Mehr noch wäre durch einen Minimalkonsens zwischen Sozialdemokraten und Kommunisten zu erreichen gewesen, ganz zu schweigen von jener Anziehungskraft, die von einem antifaschistischen Zusammenstehen auf demokratisch-republikanisch gesinnte Kreise des Bürgertums ausgegangen wäre. Den preußischen Bemühungen war es hauptsächlich zu verdanken, dass im Reich am 13. April ein – wenn auch halbherzig gehandhabtes – Verbot für das uniformierte Auftreten von SA und SS erging.

Verteidiger der Weimarer Republik sahen in Preußen gar den Hort der parlamentarischen Demokratie, geschwächt allerdings auch durch eine antikommunistische Grundhaltung der Regierungsparteien einerseits und die fatale, völlig verfehlte Beteiligung der Kommunisten an dem 1931 von Nazis und Deutschnationalen angezettelten Volksentscheid gegen die preußische Regierung andererseits. Zwar gab es im Frühjahr und im Frühsommer 1932 erste Ansätze für eine weitsichtigere Politik innerhalb von KPD und SPD, auch für ein Bündnis mit anderen demokratisch-antinationalsozialistischen Kreisen. Sie blieben indessen ohne größere Wirkung.

Über Notwendigkeit und Anliegen von *proletarischer Einheitsfront* und/oder *Antifaschistischer Aktion* wurde viel debattiert. Vorschläge, wie sie zu schaffen und zu gestalten seien, wurden mehrfach unterbreitet, am deutlichsten Ende Mai 1932, als die KPD zu gemeinsamen antifaschistischen Aktionen aufrief, und im Juli, als Thälmann Fragen sozialdemokratischer Funktionäre, ob seine Partei es mit der Einheitsfront ehrlich meine, damit beantwortete, es sei für ein inhaltliches und organisatorisches Zusammenführen aller Kräfte in der *Antifaschistischen Aktion* keine Bedingung zu stellen außer der einen, der »kühnen aufopfernden Bereitschaft und des Willens, unter Einsatz aller proletarischen Kampfmittel den Massenkampf gegen Faschismus und Lohnraub zu führen.« Ein möglicher Erfolg hing in erster Linie von den beiden großen Arbeiterparteien ab. Doch selbst in der dringend erforderlichen Abwehr faschistischer Aktionen trennten sie divergierende Auffassungen und gesellschaftspolitische Ideen, beruhend auf unterschiedlichen Milieus und jeweiligen Interessen, die innerhalb der Arbeiterklasse vorherrschten. Die eine sah die Weltwirtschaftskrise in erster Linie als Zusammenbrechen des Imperialismus, den sie mit Lenin ohnehin als höchste und letzte Stufe des Kapitalismus bewertete. Die andere überschätzte die erreichten, aber immer mehr gefährdeten demokratischen Grundlagen der Weimarer Republik. Sie antwortete auf alle Verletzungen und den Abbau parlamentarischer Regeln letztlich defensiv. Die Demokratie zu verteidigen hätte erfordert, keinen Schritt zu deren Zerstörung zu tolerieren und sich von einer Politik zu lösen, die das »kleinere Übel« nicht als Grundlage größeren Schadens zu erkennen vermochte. Ein sich übersteigernder, dem eingeschlagenen Kurs völlig untergeordneter Legalismus bewirkte zunehmend Schwäche und drängte die SPD in die Rolle eines immer ohnmächtiger werdenden Beobachters.

Zu sozialistischen Verhältnissen zu gelangen, galt beiden Arbeiterparteien als grundlegendes Ziel. Dies zu erreichen erschien der KPD lediglich eine Angelegenheit verstärkten und entschlossenen revolutionären Handelns zu sein, der SPD eher als eine des Benennens in programmatischen Dokumenten und gleichzeitigen Beharrens in vorgegebenem Rahmen. Selbstverständnis und politische Orientierung der Kommunisten gingen weniger von realistischen Einschätzungen politischer Kräfteverhältnisse aus, eher von dogmatischem Glauben an geschichtsmächtiges Wirken der eigenen Partei als Avantgarde und von einer grundsätzlichen Verkennung der tatsächlichen Situation als revolutionärer Krise. Ihr Antifaschismus, so tatkräftig und energisch er den alltäglichen Widerstand gegen die Nazis prägte, begrenzte sich zudem im verächtlichen Blick auf alle, die dem entgegentraten. Unterschiedslos wurden alle Rechtskräfte als faschistisch angesehen, selbst der Sozialdemokratie verlieh sie das Etikett »Sozialfaschismus«. Auch das ließ jedes Demokratie-Verständnis beiseite und Erscheinungen zu, die im kritischen Rückblick als Ausdruck einer letztlich stalinistischen Verformung kommunistischer Ideen sowie als sektiererisch-überhöhte Auffassungen von der Rolle der eigenen Partei gewertet werden. Die antifaschistische Orientierung der Sozialdemokratie verband sich demgegenüber mit striktem Antikommunismus und der Auffassung, sie müsse sowohl die Faschisten als auch den anderen Teil der deutschen Arbeiterbewegung bekämpfen. So stieß jedes Bemühen um ein Zusammenhalten in der lebensbedrohlichen Auseinandersetzung mit den Nazis – spürbar insbesondere an der Basis beider Parteien – auf unüberwindbar scheinende Grenzen. Daraus ergab sich ein letztlich hilfloser Antifaschismus. Dieser aber konnte die nazistischen Gegner nicht stoppen.

VI. Von Brüning und Papen zu Hitler

Erkennbar drängte im späten Frühjahr 1932 die Situation zu Entscheidungen. Die Tage des Kabinetts Brüning waren gezählt. Der Druck jener nahm erheblich zu, die eine von der Sozialdemokratie tolerierte Regierung durch eine von dieser völlig unabhängigen Rechtsregierung ersetzt sehen wollten. Als erster ging Innen- und Reichswehrminister Groener von Bord. Gegen ihn hatten alle rechtsorientierten Kräfte wegen des Verbots von SA und SS einen Sturm der Entrüstung entfacht. Ihnen missfiel nicht so sehr die versuchte Einschränkung der terroristischen Aktionen der Faschisten, sie forderten zugleich stärkere Begrenzung des Wirkens der Arbeiterorganisationen. Hindenburg wünschte sogar ein Verbot des *Reichsbanners Schwarz-Rot-Gold*, das 1924 gegründet worden war und dessen 3,5 Millionen Mitglieder mehrheitlich unter sozialdemokratischer Führung standen. Die Regierung betrachtete indessen ihren Schritt vom 13. April vorrangig als ein Mittel, die NSDAP in ein Bündnis zu zwingen und alle antidemokratischen Kräfte zu gemeinsamem Handeln zusammenzuführen.

Abrupt entließ Hindenburg Ende Mai 1932 den Kanzler, dem er in hohem Maße seine Wiederwahl als Reichspräsident verdankt hatte. Seit dem 1. Juni stand Franz von Papen, ein katholischer Deutschnationaler, der früher dem *Zentrum* angehört hatte, an der Spitze eines Kabinetts. Im Hintergrund und als eigentlicher Regierungschef zog allerdings ein Mann der Reichswehr die Fäden: General Kurt von Schleicher. Papens Regentschaft dauerte nur etwas mehr als fünf Monate. Bis dahin hatte es kein anderes Kabinett geschafft, nach so kurzer Zeit völlig abgewirtschaftet zu scheitern. Doch in der Zeit vom Juni bis November 1932 sollte es eine wegbereitende Rolle für das nahende Ende der Weimarer Republik spielen.

Chaotisch entwickelten sich die Verhältnisse im Sommer des Jahres 1932, schlimmer noch als zuvor. Die Weltwirtschaftskrise erreichte einen absoluten Tiefpunkt, die Zahl der Arbeitslosen eine Rekordhöhe von sechs Millionen. In nahezu allen Lebensbereichen dominierten Versorgungsschwierigkeiten und Zukunftsängste. Eine Notverordnung jagte die andere. Leidtragende waren immer Arbeiter, Rentner, Jugendliche, aber auch Händler und Gewerbetreibende. Das Kabinett, bezeichnet als eines der »Barone und Herrenreiter«, regierte völlig am Parlament vorbei und löste den Reichstag auf. Es setzte alles daran, den Forderungen der NSDAP nachzukommen, indem sie am 16. Juni das SA-Verbot aufhob. Verwirrend erschien das Spiel der politischen Parteien, zumal das bisherige Bemühen von Reichswehrführung, *Zentrum* und DNVP gescheitert war, die Nazis juniorpartnerschaftlich in ihr Regime einzugliedern. Gehandelt wurde vor allem nach dem Motto, es sei allemal besser, mit den Rechtsextremen gemeinsam gegen die Linken vorzugehen. Hatte schon das, was unter Brünings Regentschaft regierungsoffiziell gegen die Nazis unternommen worden war, keine ernsthaft betriebene Abwehr der Gefahr einer diktatorischen Herrschaft deutscher Faschisten dargestellt, so trat nun die als unaufhaltbar erscheinende Rechtsentwicklung in eine Phase ein, in der direkter und zunehmend offener Unterstützung für die NSDAP geleistet wurde.

20. Juli 1932: ein folgenreicher Putsch

Noch vor den erneuten Reichstagswahlen – angesetzt auf den 31. Juli 1932 – suchten das von Papen geleitete Kabinett, ebenso die rechten Parteien, vor allem DNVP und NSDAP, in

Preußen endlich politische Veränderungen zu Gunsten ihrer eigenen Vormachtstellung im Reich herbeizuführen. Nachdrücklich zeigten sie sich bestrebt, das größte Land des Reiches zu erobern, das zudem ihrem die Nazis fördernden Kurs als eine mögliche Bastion des Antifaschismus entgegenstand. Tatsachen sollten geschaffen werden, koste es, was es wolle. Sie verzichteten völlig auf parlamentarische Bemühungen und hegten verfassungswidrige Staatsstreichpläne. Hindenburg unterzeichnete bereits am 14. Juli – in mancher Hinsicht ähnlich wie Ebert 1923 gegenüber Sachsen und Thüringen – eine auf Artikel 48 der Weimarer Verfassung basierende, dennoch deren Sinn und Grundorientierung brechende Blankovollmacht zur Absetzung der preußischen Regierung.

Die sorgfältig geplante Aktion solle, so hieß es offiziell, die öffentliche Sicherheit und Ordnung in Preußen wiederherstellen. Unsicherheit und Unordnung jedoch hatten vor allem die unzähligen terroristischen Aktionen geschaffen, die zumeist von den Nazis ausgingen. Die übertrafen an Umfang und Brutalität alles bisher Dagewesene. Seit der Aufhebung des Verbotes für SA und SS gab es 99 Tote über 1.100 Verletzte. SA-Truppen störten Veranstaltungen ihrer Gegner, suchten sie zu sprengen oder selbst zu übernehmen. Einrichtungen von Kommunisten, Sozialdemokraten und Gewerkschaftern wurden überfallen und demoliert. Aufmärsche in den Arbeitervierteln der Großstädte sollten Antifaschisten zu Straßenschlachten provozieren, was oft gelang. Stets versuchte die Nazipartei, ihre paramilitärisch organisierte Aggressivität zu tarnen und sich selbst als Opfer darzustellen. Zugleich verstand sie es, den Eindruck zu erwecken, als seien gerade ihre nach außen sehr diszipliniert auftretenden Banden ein verlässlicher Ordnungsfaktor gegenüber dem »kommunistischen Terror« und der als »System« diskreditierten Weimarer Republik.

Ganz in diesem Sinne organisierte die NSDAP am 17. Juli einen »Werbemarsch« durch das zu Preußen gehörende Altona.

Den im Vorfeld zu verbieten hatten die Behörden nicht für notwendig erachtet, obwohl ein Blutbad erwarten wurde. Die Polizei traf umfangreiche Vorbereitungen, um den »Umzug der NSDAP so umfassend wie möglich zu sichern.« So konnten etwa 7.000 SA- und SS-Leute aus Hamburg, Schleswig-Holstein, Mecklenburg und Hannover provozierend durch Altona ziehen, begleitet von wütendem Protest und handgreiflichen Reaktionen. In den Auseinandersetzungen wurden drei Polizisten verletzt. Es starben 18 Menschen: Neben unbeteiligten Zivilisten drei KPD-Mitglieder, zwei Frauen, die dieser Partei nahestanden, ein Mitglied der SPD und eines des Reichsbanners sowie zwei SA-Männer und eine Angehörige der NS-Frauenschaft. Bei den Hausdurchsuchungen fand die Polizei lediglich zwei Pistolen, 91 Personen nahm sie fest, zumeist der *Antifaschistischen Aktion* zugehörig. Allerdings verliefen die staatsanwaltschaftlichen Ermittlungen bald im Sande. Was blieb, das war die gebetsmühlenartig wiederholte völlig einseitige und größtenteils sogar falsche Schuldzuweisung an die Adresse der KPD und SPD – sie allein sollten für Tumulte und »unverantwortliches Treiben« verantwortlich sein.

Die Provokation des »Altonaer Blutsonntags« erfüllte beabsichtigte Zwecke. Nunmehr sei, so äußerte sich das DNVP-Mitglied Wilhelm Freiherr von Gayl in einer Sitzung des Kabinetts, der noch fehlende »besondere Anlass zum Eingreifen« gegeben. Drei Tage danach und elf Tage vor der Reichstagswahl erfolgte schließlich der sorgfältig geplante Schlag. Zu dessen Begründung äußerte Papen, man könne in Preußen nicht mehr von geordneten parlamentarischen Verhältnissen sprechen, weil einige Parteien der KPD eine »Schlüsselstellung« einräumen würden und gegen links viel zu schwach vorgegangen würde. Die Grundlagen des Staates seien ernsthaft gefährdet, weil sich Preußen nicht entschließen könne, »die politische und moralische Gleichsetzung von Kommunisten und Nationalsozialisten aufzugeben«. Dadurch sei »jene unnatürliche Frontenbildung entstanden, die die staatsfeindlichen Kräfte des Kommunismus in eine Einheitsfront gegen die aufstrebende Bewegung der NSDAP einreiht.« Deutlicher konnte der Wille zum Bündnis mit den Faschisten kaum formuliert werden, auch nicht die Bereitschaft, die gesamte organisierte Arbeiterbewegung weitgehend ausschalten zu wollen.

Am 20. Juli, 10 Uhr, eröffnete Papen dem in die Staatskanzlei beorderten preußischen Innenminister Carl Severing (SPD), dem stellvertretenden preußischen Ministerpräsidenten und Zentrumsmann Heinrich Hirtsiefer sowie Otto Klepper, DDP-Mitglied und preußischer Finanzminister, er sei von Hindenburg zum Staatskommissar für Preußen ernannt worden. Kurz und bündig wurde den Ministern mitgeteilt, sie seien abgesetzt. Die Verwaltung des Innenministeriums übertrug er dem Essener Oberbürgermeister Franz Bracht, einem eng mit dem Hause Krupp verbunden konservativen Beamten.

Severing stellte die Verfassungswidrigkeit der Aktion fest und erklärte protestierend, nur der Gewalt weichen zu wollen. Hirtsiefer verwies auf den Artikel 15 der Reichsverfassung, der besagte, dass die Reichsregierung, wenn sie etwas in einem Lande zu beanstanden habe, nur die angeblichen Mängel rügen und deren Behebung verlangen dürfe. Für das unerhörte Vorgehen der Reichsregierung, das einem Befehlsempfang gleiche, wüsste er in der Geschichte kein Beispiel zu finden. Alle rechtlichen Einwände wurden indessen brüsk beiseite gewischt. Papen verlangte Staatsräson und höhnte, dass sich leicht etwas vereinbaren lasse, wenn es Severing darauf ankomme, sein Gesicht wahren zu können.

Noch am gleichen Tage übernahm Generalleutnant Gerd von Rundstedt als Wehrkreisbefehlshaber die vollziehende Gewalt in Berlin und Bandenburg. Der Berliner Polizeipräsident Albert Grzezinski wurde abgesetzt, ebenso sein Stellvertreter Bernhard Weiß und der Kommandeur der Schutzpolizei, der zentrumsnahe Politiker Magnus Heimannsberg. Dem kranken sozialdemokratischen Ministerpräsidenten Preußens Otto Braun übermittelte Papen schriftlich die karg gehaltene Mitteilung, auch er sei seines Amtes enthoben. Gehen mussten auch jene bürgerlichen Ministerialbeamten, die sich tatkräftig gegen die Nazis engagiert hatten, darunter vor allem Wilhelm Abegg. Ihm wurde insbesondere angekreidet, sich am 4. Juni mit KPD-Abgeordneten getroffen zu haben. Auch Robert Kempner, der im preußischen Innenministerium für die Überwachung der NSDAP zuständig war und später US-amerikanischer Ankläger im Nürnberger Kriegsverbrecherprozess werden sollte, hatte seinen Stuhl zu räumen. 20 Verwaltungsposten in den Provinzen und Regierungsbezirken wurden mit »rechtsstehenden Persönlichkeiten« neu besetzt und fast überall die Polizeichefs ausgetauscht.

Spätestens seit dem 16. Juli waren der sozialdemokratischen Führung die Putschpläne bekannt. Präventive Maßnahmen blieben aus, selbst für einen Schutz der preußischen Regierungsgebäude wurde nicht gesorgt. Es gab keine Aufrufe zu Massenkundgebungen oder Warnstreiks. Am Morgen des 20. Juli erschien der *Vorwärts* mit der markigen Forderung »Hände weg von Preußen!« Es hieß, falls tatsächlich ein Reichskommissar eingesetzt werde, würde es »allergefährlichste Verwicklungen« geben, da es sich um einen weiteren Schritt auf dem Wege zum Krieg aller gegen alle handele, der sich immer weiter ausbreite, je mehr sich die Reichsregierung den Wünschen der NSDAP gefügig zeige. Vorausschauend wurde formuliert: »Reichskommissar ist Staatstreichkommissar, in den Augen der verfassungstreuen Bevölkerung ein Gewalthaber ohne Recht. Reichskommissar bedeutet nicht Ordnung, sondern Chaos, nicht weniger Blut, sondern mehr – niemand kann sagen wieviel! Reichskommissar ist der Name des Instruments, mit dem eine gewalttätige Minderheit nach der politischen Macht greift.«

Dennoch beließ es die Führung der SPD, als das Befürchtete eintraf, bei verbalen Protesten: Es sollten am 31. Juli 1932 die Wähler entscheiden und der Staatsgerichtshof angerufen werden. Einer illegitimen Entscheidung ausschließlich so zu antworten und den Putsch letztlich als einen Verfassungskonflikt zwischen dem Reich und einem Land zu behandeln, das lässt berechtigt von einer kampflosen Kapitulation sprechen. So konnte die Reaktion das politische Kräfteverhältnis in Deutschland nachhaltig, wenn nicht sogar entscheidend zu ihren Gunsten verändern. Von jenen Reichsinstitutionen, welche die Aushöhlung und weitgehende Beschränkung der Weimarer Demokratie auf ihre Fahnen geschrieben hatten, ließen sich demokratische Aktionen oder gar die Rettung der Demokratie nicht erwarten. Die Tolerierungspolitik gegenüber der galoppierenden Rechtsentwicklung erwies ihr geschichtliches Versagen. Ihren bisherigen Handlungsspielraum sah die Sozialdemokratie nun wesentlich eingeschränkt. Nicht zuletzt hatte sie sich selbst geschwächt, u. a. durch die Preisgabe von Wahlversprechungen, den massenhaften Ausschluss linker Parteimitglieder und die Auflösung opponierender Bezirksverbände der *Sozialistischen Arbeiterjugend.*

Ungehört verhallte der Aufruf der Kommunisten zum gemeinsamen Generalstreik. Eine solche Aktion – vergleichbar der vom März 1920 – würde keineswegs Bürgerkrieg bedeutet haben. Machtvoller Widerstand auf den Straßen, in den Betrieben, in den lokalen und regionalen Ämtern des bürokratischen Apparates wäre nicht ohne gravierenden Einfluss auf das Kräfteverhältnis zwischen Faschisten und Antifaschisten geblieben. Eine entschiedene Ablehnung der lange zuvor bekannten Staatsstreichpläne durch die SPD sowie die rechtzeitige Vorbereitung eines Generalstreiks durch die Gewerkschaften hätten durchaus erhebliche Wirkung erzielt. Allein konnte die KPD diesen nicht durchführen, verfügte sie doch kaum noch über Mitglieder und Anhänger in den Betrieben.

Unvollständiger Wahlsieg der NSDAP

Unter solchen Bedingungen fanden am 31. Juli 1932 die Reichstagswahlen statt, wobei es am Wahltag noch einmal 12 Tote und 75 Verletzte gab. Das Abstimmungsergebnis bestätigte vor allem die jüngsten Erfolge der NSDAP: Sie erreichte gegenüber der Wahl vom 14. September 1930 eine Verdoppelung ihres Stimmenanteils. Allerdings erhielt sie nur geringfügig mehr Zuspruch als Hitler im zweiten Wahlgang der Reichspräsidentenwahlen. Ihr Stimmenanteil (37,4 %) war größer als der von SPD und KPD zusammen (35,1 %). Den 13,8 Millionen Stimmen und 230 Abgeordneten standen knapp 13,2 Millionen Stimmen sowie 133 sozialdemokratische und 89 kommunistische Abgeordnete gegenüber. Die SPD verlor gegenüber 1930 ca. 15 Prozent der Stimmen, die KPD wuchs von 13,1 Prozent auf 14,3 Prozent. Lediglich in einigen Wahlkreisen konnten SPD und KPD zusammen Stimmen hinzu gewinnen; in Berlin kamen sie sogar auf einen Anteil von 61,3 %, in Leipzig und Hamburg auf 51,8 bzw. 49,4 % der Wählerstimmen. Die *Deutsche Staatspartei* verfügte nun nur noch über vier Mandate, die Zahl der Abgeordneten *des Christlich-Sozialen Volksdienstes* ging von 14 auf drei zurück. Der *Wirtschaftspartei* blieben von 23 nur zwei Sitze. Allein das *Zentrum* sowie die BVP hatten sich einigermaßen behaupten können.

Die NSDAP profitierte von umfangreichen Wählerbewegungen, die es insbesondere unter Angehörigen der Mittelschichten gab. Sie gewann zahlreiche Erst- und ehemalige Nichtwähler, ferner bisherige Wähler von DNVP, DVP und anderen bürgerlichen Parteien, auch von Angst um ihren Arbeitsplatz getriebene, gewerkschaftlich oder politisch in der Regel nicht organisierte Arbeiter. Besonders gestärkt sahen sich die Nazis in mittleren und kleineren Städten sowie in Regionen mit dominierender evangelischer Konfession. Dennoch erbrachte das Wahlergebnis, ähnlich wie das in Preußen bei der Landtagswahl vom 24. April 1932, eine Art Pattsituation. Eine neue Reichsregierung kam nicht zustande. Nazis und Deutschnationale verfügten nicht über die Mehrheit, selbst dann nicht, wenn sie noch von den insgesamt neun Abgeordneten der DVP und der *Wirtschaftspartei* unterstützt worden wären. Allenfalls hätten

NSDAP und *Zentrum* koalieren können, doch gegen eine solche Lösung regten sich in beiden Parteien erhebliche Widerstände.

Unter Antifaschisten tauchten Illusionen auf. So erklärte für die Fraktion der SPD im Preußischen Landtag deren Vorsitzender Ernst Heilmann, der faschistische Ansturm sei abgeschlagen. Ebenso realitätsfremd bezeichnete die KPD das eigene Wahlergebnis als großen Erfolg ihrer Politik der *Antifaschistischen Aktion*. Sie freute sich – ihre eigenen Grundpositionen im Kampf gegen die NSDAP konterkarierend – darüber, der SPD Stimmen abgerungen zu haben, und sah darin nicht mehr als nur einen Nachweis ihrer eigenen Entfaltung hin zur »Führerin immer breiterer Massen des deutschen Proletariats.«

Nach dem Wahltag setzte die NSDAP alles auf eine Karte und verlangte, Hitler müsse in einer neuen Koalitionsregierung Reichskanzler werden. Wilhelm Frick, Hermann Göring, Gregor Strasser und Josef Goebbels seien die Ministerien für Inneres, Luftfahrt, Arbeit und Erziehung zu übertragen. Hindenburg entschied jedoch am 13. August, Hitler lediglich den Posten eines Vizekanzlers anzubieten und dessen Forderung »Alles oder nichts« abzulehnen. Dabei ließ er zwar keinerlei Zweifel an der »nationalen Zuverlässigkeit« der NSDAP erkennen, wohl aber Befürchtungen, sie und ihr Führer könnten eventuell die kampfbereiten Anhänger nicht in ihrem Sinne beherrschen.

Ermuntert durch ihren Wahlerfolg vom 31. Juli, zugleich aber ernüchtert, keine Mehrheit errungen und keine Aussicht auf eine Kanzlerschaft Hitlers zu haben, handelte die NSDAP wie in solchen Situationen üblich – sie verstärkte ihre terroristischen Aktionen, und dies in einer Weise, dass selbst ihre regierungsamtlichen Gönner sich gezwungen sahen, dem einen Riegel vorzuschieben. Zum einen wollte man sich der Öffentlichkeit nicht allzu sehr als einseitig darstellen, zum anderen aber ein weiteres Mittel gegen antifaschistische Aktionen von KPD und SPD schaffen. Das Papen-Kabinett bereitete eine neue Notverordnung »gegen politischen Terror« vor. Als es darüber am 4. August beriet und die Einführung der Todesstrafe in bestimmten Fällen erwog, meinte Innenminister Gayl, die Bekämpfung der KPD werde »dann leichter gehen«. Zugleich hoffte er, mit der Verkündung der neuen Gesetzlichkeit könnten »gleichzeitig auch einige kommunistische Organisationen verboten« werden. Auch Hitler hatte diese Notverordnung ausdrücklich begrüßt, sei doch mit ihr endlich ein Anfang zur Vernichtung des »roten Mordbanditentums« gemacht.

Papens Notverordnung – beschlossen am 9. August – sah vor, was es bis dahin nicht gegeben hatte: die Todesstrafe für politisch motivierten Totschlag. Nicht erwartet worden war, dass die Strafverschärfung als erstes die NSDAP treffen würde. Die Regierung sah sich in den eigenen Fallstricken gefangen, als in der Nacht vom 9. zum 10. August eine neunköpfige Gruppe von SA-Leuten im oberschlesischen Dorf Potempa den ersten politisch motivierten Mord verübte, den es nach den neuen Maßstäben zu be- und verurteilen galt. Es handelte sich um eine selbst für damalige Verhältnisse und nazistische Praktiken besonders grausame, ja bestialische Aktion. Auf den kommunistischen Arbeiter und Gewerkschafter Konrad Pietrzuch wurde unablässig geschossen, eingeprügelt und gestochen, alles vor den Augen seiner Mutter. Die Leiche wies 29 schwere Verletzungen auf, der Kehlkopf war total zerfetzt.

Ein Sondergericht in Beuthen (heute Bytom/Polen) verurteilte am 22. August fünf der Täter zum Tode. Einer wurde mit zwei Jahren Zuchthaus bestraft, drei kamen mit einem Freispruch davon. Hitler beschimpfte daraufhin Reichskanzler Papen öffentlich als »Bluthund« und schickte den verurteilten Mördern ein Telegramm. Sein schamlos-erschreckender Inhalt: »Meine Kameraden! Angesichts dieses ungeheuerlichen Bluturteils fühle ich mich Euch in unbegrenzter Treue verbunden. Eure Freiheit ist von diesem Augenblick an eine Frage unserer Ehre. Der Kampf gegen eine Regierung, unter der dies möglich war, unsere Pflicht!«

Auch konservative Kreise sprachen sich gegen das Urteil aus. So schrieben die *Hamburger Nachrichten:* »Was in Beuthen abgeurteilt wurde, war ja kein Gewaltakt gegen einen deutschen Volksgenossen, sondern die Beseitigung eines polnischen Halunken, der zudem noch Kommunist war. Also ein zwiefacher Minusmensch, der das Recht, auf deutschem Boden zu leben, längst verwirkt hatte [...] Hat man denn um Gottes willen in deutschen Richterkreisen immer noch nicht begriffen, dass es sich im Osten in dem Grenzkampf zwischen germanischen Edelmenschen und polnischen Untermenschen um den Daseinskampf des deutschen Volkes handelt?« Im Beuthener Prozess plädierte der Verteidiger Walter Luetgebrune – ein Jurist, der seine Unterstützung bereits dem Kapp-Putschisten und Chef der *Organisation Consul* Hermann Ehrhardt gewährt hatte, darüber hinaus auch den Mördern Rathenaus – für ein »latentes Notwehrrecht« und forderte, die Angeklagten als »tüchtige Soldaten« zu bewerten, die »auf einen Befehl oder einen militärischen Aufruf reagierten, ohne lange zu fragen warum und weshalb.«

Der faschistische Terrorismus stieß zwar auf Widerstand, rief aber dennoch unter vielen Deutschen lähmende Furchtsamkeit und wachsende Anpassungsbereitschaft hervor. Die generell vorhandene Duldung von Gewalt als notwendiges Mittel zur Lösung von innen- und außenpolitischen Konfliktsituationen bewirkte auch schicksalsergebene Resignation und selbst ehrfurchtsvolle Anerkennung. Die nach außen sehr diszipliniert auftretenden paramilitärischen Verbände der NSDAP ließen sich so als ein durchaus verlässlicher, teils sogar faszinierender Ordnungsfaktor ansehen. Sowohl dessen abschreckender Charakter als auch seine Mobilisierungsfunktion erwiesen sich als zweckmäßig für die Demontage der Weimarer Republik. Beides trug während der Weltwirtschaftskrise dazu bei, in großen Teilen der Bevölkerung ein mehr und mehr zerstörerisches, am Ende auch selbstzerstörerisches Potenzial an Aggressivität entstehen zu lassen.

Wachsender Zuspruch der Eliten für Hitler

Einflussreiche, zunächst aber noch eine Minderheit darstellende Gruppen von Bankiers, Industriellen und Großagrariern verlangten im Sommer und Herbst 1932 mehr als einen bloßen Regierungsumbau und unterstützten zunehmend die NSDAP. Sie forderten den Stuhl des Reichskanzlers für Hitler. Ganz in diesem Sinne schrieb Bankier Hjalmar Schacht am 29. August Hitler einen Brief, in dem er diesem seinen Beistand versicherte, aber auch Befürchtungen aussprach, die NSDAP-Führung könne sich von der Stimmung in den paramilitärischen Verbänden und wegen des einsetzenden Verlustes von Anhängern (die er als »Abfall der Konjunkturmitläufer« bezeichnete) verleiten lassen, zur Putschtaktik zurückzukehren. Hitler sei zwar in die Verteidigung gedrängt, jedoch solle er der Versuchung widerstehen, sich falschen Idolen zu verbünden. Insbesondere dürfe die NSDAP-Führung kein »detailliertes Wirtschaftsprogramm« aufstellen.

Schachts Schreiben bezeugt zugleich, dass die NSDAP über einen Beraterkreis gebot, der im Hintergrund der turbulenten Szenerie wirkte und die programmatische Fixierung der Führergruppe ebenso beeinflusste wie deren Taktik. Die NSDAP hatte nicht nur den anderen bürgerlichen Parteien Millionen Anhänger abgejagt, sondern seit 1930 auch einige Dutzend von deren früheren Förderern an sich gezogen. Seit dem Frühjahr 1932 war sie imstande, diese in einer lockeren, aber funktionstüchtigen Weise zu organisieren. Sie hatte sich einen beratenden Ausschuss geschaffen, benannt nach Wilhelm Keppler, dem Wirtschaftsberater Hitlers. So konnte sie auf Erfahrungen und Verbindungen führender Bank- und Industriekapitalisten zurückgreifen, auf sie reagieren und vor allem zu nutzen.

Noch besaß allerdings das Papen-Kabinett für die Fortsetzung seines sozialreaktionären Kurses neben der Unterstützung durch den Reichspräsidenten Rückhalt in weiten Kreisen der Großbürgertums und der Großagrarier. Zudem trugen die Notverordnungen des Sommers 1932 den lange erhobenen, von der

Regierung Brüning aber nur partiell verwirklichten Forderungen von Unternehmern Rechnung, ihnen diktatorische Freiheiten bei der Bestimmung der Arbeits- und Ausbeutungsbedingungen zuzugestehen. Das hob das Ansehen des Kabinetts in bürgerlichen Schichten und führte zeitweilig zu verstärkter Förderung der DNVP.

Vor diesem Hintergrund begannen in den Wochen nach dem 13. August Gespräche zwischen der NSDAP und dem *Zentrum* über die rechnerisch gegebene Möglichkeit, auf parlamentarischem Wege eine Regierung zu bilden. Zu Verhandlungen trafen sich Hitler und Göring sowie die Zentrumspolitiker Eugen Bohle, Thomas Esser, Fritz Grass und der BVP-Führer Fritz Schäffer. Deutliche Zeichen für die Annäherung sollten sich am 30. August erkennen lassen, als sich der neue Reichstag zu seiner konstituierenden Sitzung versammelte. Erstmalig wurde mit Göring ein Faschist Reichstagspräsident – gewählt auch von den bürgerlichen Parteien. Je ein Vizepräsident des *Zentrums* und der BVP saß ihm zur Seite. Gemeinsam versuchten sie auch, eine erneute Auflösung des Parlaments zu verhindern.

Dennoch sprachen am 12. September 512 Abgeordnete des Reichstages, auch die der NSDAP, dem Kanzler das Misstrauen aus. Lediglich 42 Parlamentarier votierten für Papen. Einzigartig nimmt sich diese Abstimmung in der deutschen Parlamentsgeschichte aus, auch weil sie das Ergebnis eines von der KPD gestellten Misstrauensantrages war. Doch den Regierenden galten Verfassung und Volksvertretung nichts mehr: Der de facto gestürzte Reichskanzler legte dem Reichstag eine bereits zuvor ausgefertigte Erklärung des Reichspräsidenten vor, die ihn bevollmächtigte, das erst sechs Wochen zuvor gewählte Parlament erneut nach Hause zu schicken.

Papen spekulierte bis zu seinem Rücktritt am 17. November darauf, für längere Zeit völlig ohne das Parlament zu regieren, was nur auf den Bajonetten der Reichswehr, also in Gestalt einer Militärdiktatur, oder gemeinsam mit den Nazis möglich gewesen wäre. Letztere hatten sich aber mit der Regierung überworfen, um ihre Politik des »Alles oder nichts« durchzusetzen. Allein die Sorge, es könnte zu weiteren und größeren, zu nicht mehr beherrschbaren Unruhen kommen, hielt die meisten der Kabinettsmitglieder von einer Zustimmung zu solchen Vorhaben zurück. Zwar gab es kaum eine Stimme, die sich nicht für eine Einbeziehung der NSDAP in die Regierung ausgesprochen hätte, doch dieser die Führung zu überlassen, stieß auf Besorgnisse und Zweifel, ob deren Massenhang – geworben auch mit »sozialistischen« Parolen – beherrschbar sein würde. Zwiespältig registrierten ökonomisch und politisch Mächtige gewisse Veränderungen im taktischen Verhalten dieser Partei. So hatte Gregor Strasser, der zweite Mann nach Hitler, am 10. Mai im Reichstag eine Rede gehalten, in der er von einer »großen antikapitalistischen Sehnsucht« tönte, die »95 Prozent unseres Volkes bewusst oder unbewusst erfasst« habe. Im Juli 1932 war von Strasser in einer Publikation sogar verkündet worden, seine Partei sei ein Todfeind des kapitalistischen Wirtschaftssystems.

Vor den auf den 6. November angesetzten erneuten Reichstagswahlen bemühten sich die Nazis insbesondere darum, weitere Stimmen aus der Arbeiterschaft zu gewinnen. Der war allerdings mit purer Demagogie nicht beizukommen, wie am Stimmungsbild der Bevölkerung sowie an den stagnierenden Wahlergebnissen abzulesen war – seit dem Frühjahr 1932 hatte die NSDAP keinen Zuwachs erreichen können. Sie suchte nach anderer Substanz ihres öffentlichen Auftretens, die aber auch Risiken in sich barg. Verstärkte sie die »antikapitalistische« Note in ihrer Propaganda, musste sie befürchten, die Gunst der Großbürgertums und ihm nahestehender Schichten zu verlieren. Würde sie ihre sozialpolitischen und sozialistisch eingefärbten Parolen abschwächen, lief sie Gefahr, den bislang erreichten Einfluss auf Arbeiter zu verlieren bzw. nicht erweitern zu können. Angesichts der Streikwelle, die im Herbst ca. 800 Betriebe erfasste und teils von den freien Gewerkschaften, teils von der den Kommunisten nahestehenden *Revolutionären Gewerkschafts-Opposition* (RGO) initiiert und geführt wurden, geriet die NSDAP in ein Dilemma. Die Streiks richteten sich gegen Papens Notverordnung vom 5. September 1932, die den Unternehmern ermöglichte, gesetzlich fixierte Tarifverträge zu unterlaufen und Lohnabbau in großem Stil zu betreiben. Lohnkürzungen zwischen zehn und 50 Prozent sollten unter bestimmten Bedingungen erlaubt sein.

Derart ermutigt, wollte u. a. auch die Direktion der Berliner Verkehrsgesellschaft (BVG) nach dem Auslaufen der gültigen Tarifverträge am 30. September den Stundenlohn um sage und schreibe 14 bis 23 Pfennig kürzen. Dies wäre die fünfte Lohnsenkung seit Beginn der Weltwirtschaftskrise gewesen und hätte nahezu eine Halbierung des Lohnes von 1929 bedeutet. Das konnte niemand hinnehmen. Der Streik der Berliner Verkehrsarbeiter war ein Resultat der von den Unternehmern herbeigeführten Situation, nicht das einer Zusammenarbeit von KPD und NSDAP. Dass letztere sich daran beteiligte, entsprang taktischem Kalkül und verändertem Verhalten, war sie doch bis dahin – ebenso wie danach – strikt gegen Streiks aufgetreten. Für sie stand zu dieser Zeit im Vordergrund, neue Wähler aus der Arbeiterschaft zu gewinnen. Joseph Goebbels schrieb in sein Tagebuch, viele bürgerliche Kreise würden zwar durch die Teilnahme am Streik »abgeschreckt«, doch das sei »nicht das Entscheidende. Diese Kreise kann man später sehr leicht wiedergewinnen; hat man aber den Arbeiter einmal verloren, dann ist er auf immer verloren.«

Allerdings verstärkten sich dadurch auch in der NSDAP Krisenstimmung und Streit. Es mehrten sich Äußerungen, man müsse endlich zugreifen und zumindest die Chance einer Regierungsbeteiligung nutzen. Das Rumoren wuchs erheblich an, als sie bei den Wahlen vom 6. November zwar größte Partei blieb, aber einen Verlust von mehr als zwei Millionen Stimmen hinnehmen musste. Hatte sie bislang vom Nimbus eines unaufhaltsamen Aufsteigers zehren können, schien nun der »Zauber der Unwiderstehlichkeit« gebrochen. Offensichtlich war sie an einem Kulminationspunkt ihres Masseneinflusses angelangt. Goebbels' Rechnung, vor allem Arbeiter für die NSDAP zu gewinnen, war bei diesen Wahlen nicht aufgegangen.

Doch nicht allein in der NSDAP spitzten sich im Herbst 1932 die internen Auseinandersetzungen erheblich zu. In ihnen spiegelten sich alle Streitpunkte, die es insgesamt unter den deutschen Eliten um die weitere Bewältigung der Wirtschaftskrise sowie um den weiteren außenpolitischen Kurs gab. Obgleich in zahlreichen Gesprächen führender Politiker der bürgerlichen Parteien immer noch nach einer koalitionspolitischen Lösung zwischen dem *Zentrum* und den Nazis bzw. zwischen diesen und den Deutschnationalen gesucht wurde, erreichten die Debatten und Aktionen der Herrschenden einen unabdingbar entscheidungsfordernden Charakter. Die unterschiedlichen Konzepte gingen immer mehr ineinander über und verwoben sich zu einem Lösung verlangenden Knäuel.

Eine ganze Reihe von Unternehmern, Bankiers und Großgrundbesitzern setzte sich mit wachsendem Nachdruck für die Berufung Hitlers als Reichskanzler ein. Deutlich kam dies in einem ungewöhnlichen Schritt zum Vorschein: Man richtete eine entsprechende Eingabe an Hindenburg. Zu den prominenten Unterzeichnern dieser Petition gehörten Schacht, Thyssen sowie RLB-Chef Graf Kalckreuth. Hitlers Reichskanzlerschaft forderten mit ihren Unterschriften auch Angehörige des Keppler-Kreises, so neben Thyssen u. a. der Bankier Kurt von Schröder, der Großindustrielle August Rosterg (Wintershall AG), Friedrich Reinhart (Commerzbank und Präsident der Berliner IHK) und der Großreeder Kurt Woermann. Mit ihnen unterzeichneten weitere Großgrundbesitzer und Funktionäre landwirtschaftlicher Verbände die Petition: Robert Graf von Keyserlingk-Cammerau, und der Präsident der Landwirtschaftskammer für die Provinz Brandenburg, Joachim von Oppen-Dannenwalde, beide Mitglieder des *Deutschen Land-*

wirtschaftsrates, der Präsident des *Westfälischen Landbundes* Engelbert Beckmann und Karl Gustav von Rohr-Mantze. Paul Reusch (Vorstandsvorsitzender der Gutehoffnungshütte Aktienverein für Bergbau und Hüttenbetrieb, zugleich stellvertretender Vorsitzender des *Deutschen Industrie- und Handelstages*). Fritz Springorum und Albert Vögler ließen dem Reichspräsidenten separat mitteilen, sie stünden »grundsätzlich voll und ganz auf dem Boden der Eingabe.« Sie wünschten wie andere um ihre Teilnahme gebetene Personen, die sich verweigert hatten, nicht derart exponiert Partei zu nehmen. Letzteres galt auch für den Präsidenten der Rheinländischen Landwirtschaftskammer, Hermann Freiherr von Lüninck, der schon den Eintritt in das Kabinett Papens mit der Begründung abgelehnt hatte, es gehe um einen Systemwechsel, nicht nur um die Bildung einer veränderten Regierung, und der darauf verwies, sich schon mündlich vor Hindenburg für »die Übertragung der Kabinettsführung an die nationalsozialistische Bewegung« ausgesprochen zu haben. Insgesamt ließ der Vorgang erkennen, dass die Zahl jener Angehörigen deutscher Eliten, die Papen zu unterstützen bereit waren, dahin schmolz – langsam aber sicher.

Noch aber versuchten die Unterstützer des Papen-Kurses in Wirtschaft, Reichswehr und Staatsbürokratie, eine endgültige Ausschaltung der Rechte des Reichstages und den völligen Bruch der Weimarer Verfassung zu erreichen. Die Verachtung der Demokratie und des Prinzips der Volkssouveränität brachte Papen mit den Worten zum Ausdruck: »Man muss dem Volke nur den Stiefelabsatz durch die Schnauze ziehen, dann pariert es schon.« Argumente, mit denen autoritäre, ständestaatlich verbrämte Diktaturverhältnisse gerechtfertigt wurden, hatten konservative Ideologen geliefert: Edgar Julius Jung beispielsweise, Ghostwriter Papens, war bereits 1927 mit einem viel gelesenen Buch gegen die »Herrschaft der Minderwertigen« in Erscheinung getreten. In diesem Konzept, das als eines zur »Zähmung« überbordender Radikalität gedeutet wurde, spielte die NSDAP eine wichtige, jedoch nicht die ausschlaggebende Rolle. Sie konnte zwar nicht mehr übergangen oder gar zurückgedrängt werden, doch war nur an ihre Mitwirkung gedacht, an die Nutzung ihres Potenzials für die eigenen Ziele. Vorgesehen war vor allem eine schrittweise Beschränkung und faktische Aushöhlung der Verfassung. Pläne einer solchen »Verfassungsreform« trug Papens Innenministers Gayl ausgerechnet am Verfassungstag des Jahres 1932 sowie in einer am 28. Oktober gehaltenen Rede vor. Das aktive und das passive Wahlrecht sollte jeweils um fünf Jahre erhöht werden. Als notwendig wurde angegeben, den »selbständigen Familienernährern, gleichviel ob Mann oder Frau, und den Kriegsteilnehmern eine Zusatzstimme« zu gewähren, um damit den »Dank des Vaterlandes zum Ausdruck« zu bringen. Parallel dazu wurde auch eine Reichsreform angestrebt, die zu mehr Zentralismus geführt hätte.

Schleichers Querfront-Pläne

Papen musste aufgeben – er war unhaltbar geworden. Das Amt des Reichskanzlers übernahm am 3. Dezember 1932 Kurt von Schleicher, der wie kaum ein anderer über eine große Machtfülle verfügte, amtierte er doch zugleich als Reichswehrminister und als Reichskommissar für Preußen. In Schleichers Kabinett verblieben die meisten Minister Papens. Auch in inhaltlicher Hinsicht unterschieden sich Papen und Schleicher kaum. Letzterer betonte vor allem die Parole »Arbeit schaffen!« und rief dafür ein neues Amt ins Leben: das von Günther Gereke geleitete Reichskommissariat für Arbeitsbeschaffung. Auch wollte er keine unberechenbaren Risiken eingehen, um ein folgenschweres Scheitern des Kurses auf neue Machtsysteme zu vermeiden. Rückhalt suchte er in Teilen der Parteien und anderer Organisationen zu gewinnen. Dennoch besaß er keinerlei Rückhalt im Parlament, geschweige denn in der deutschen Bevölkerung. Im Reichstag konnte er wie vordem Papen nicht einmal mit der Unterstützung durch die Deutschnationalen rechnen.

In der Öffentlichkeit wurden Aufgaben und Grenzen der neuen Regierung vielfach sehr deutlich benannt. Die von Hugo Stinnes jr. kontrollierte einflussreiche *Deutsche Allgemeine Zeitung* bemerkte am 6. Dezember 1932, mit der Einsetzung dieses Kabinetts sei eine Atempause geschaffen, in der »zwischen den Inhabern der Gewalt und Hitler verhandelt werden kann«. Es war Ernst Thälmann, der die Regierung als ein Übergangskabinett mit der Funktion des Platzhalters für eine Hitler-Regierung kennzeichnete und erklärte, auf deren Zustandekommen werde weiter hingearbeitet.

Dieses »Hinarbeiten« erfolgte auf der Grundlage einer etwas anderen und in mancher Hinsicht neuartigen Variante angestrebter neuer Herrschaftsformen. Auch um sie wurde in den Reihen der deutschen Eliten gestritten, darüber hinaus auch kräftig intrigiert. Um Möglichkeiten und Grenzen der Machtsicherung auszuloten, lud Schleicher am 18. November, einen Tag nach dem Rücktritt Papens, in seiner Eigenschaft als Reichswehrminister zu einem Planspiel der Militärs ein. Dessen Thema galt den Aussichten und Gefahrenpunkten eines innenpolitischen Ausnahmezustandes. Ihm lag die Annahme zugrunde, dass die im Herbst in vielen Betrieben stattfindenden Streiks in einen Generalstreik münden würden. Das Ergebnis des Planspiels ernüchterte: Einer solchen Lage sei mit Reichswehr, Polizei und *Technischer Nothilfe* allein nicht beizukommen. Ferner wurde festgestellt, dass also »Ergänzungsleute« benötigt würden, aber das dazu erforderliche »Menschenmaterial« nur aus »Stahlhelmkreisen zu bekommen« sei. Die vorhandenen und mobilisierbaren Kräfte, die eine gewaltsame Durchsetzung elitärer Militärdiktatur hätten absichern können, würden nicht ausreichen – so das Fazit. Diktatorisch zu regieren – das ging nur noch mit Hilfe der NSDAP.

Vor diesem Hintergrund zielte Schleichers Konzept auf die Schaffung einer »Querfront«. In dieser sollte eine anders und neu zu formierende Massenbasis diktatorischer und von der

Reichswehr zu sichernder Machtausübung dienen; ein Vorhaben, das der Soziologe Hans Freyer schon im Jahr zuvor als »Revolution von rechts« charakterisiert hatte. Der neue Kanzler versuchte, sowohl die NSDAP als auch die freien und die christlichen Gewerkschaften, ferner einige Wehrverbände und auch das *Reichsbanner* hinter sich zu bringen. Bei ersterer rechnete Schleicher vor allem mit Gregor Strasser, bei letzteren mit Gewerkschaftsführern, die den angekündigten Programmen zur Arbeitsbeschaffung nicht völlig ablehnend gegenüberstanden oder ihnen sogar zustimmten. Bemerkt worden war, dass sich in der Führung des ADGB Unmut gegen eine als zu eng empfundene Bindung an die SPD verstärkte. In einer aufsehenerregenden Rede, gehalten am 14. Oktober in der Bundesschule der Freien Gewerkschaften, hatte deren Vorsitzender Theodor Leipart erklärt, man sei »zu sehr auf das Ganze gerichtet, um Parteifesseln zu tragen«. Das Ganze sei für ihn: Dienst am Volk, deutsches Gemeinschaftsgefühl und sozialer Kampf im Interesse der Nation. In deutlicher Anlehnung an Ernst Jüngers kurz zuvor erschienenes Buch *Der Arbeiter. Herrschaft und Gestalt* sprach Leipart auch davon, dass die Gewerkschafter den »soldatischen Geist der Einordnung und der Hingabe für das Ganze« kennen würden. Der deutschnationale *Stahlhelm*-Bund applaudierte, Zustimmung kam aus dem *Tat-Kreis* um Hans Zehrer, veröffentlicht in der *Täglichen Rundschau*, einer Zeitung, die mit Schleichers finanzieller Hilfe erworben worden war. Leiparts Worte würden »weite Ausblicke in die Zukunft eröffnen«, reagierte Strasser. Nach seiner Auffassung brauche nun die »antikapitalistische Front« nur noch gestaltet zu werden, was erfolgen könne, wenn sich »die einsichtigen Leute aus allen Lagern« zusammenfänden.

Realisieren ließ sich ein solcher »Querfront«-Versuch der Krisenbewältigung jedoch nur, wenn zumindest ein größerer Teil der NSDAP eingebunden werden konnte. In deren Führung kam es allerdings in dieser Frage zu erheblichem Streit: Annäherung an Gewerkschaften – das traf ins Mark faschistischer Vorstellungen, wie Macht zu erringen und auszuüben sei. Nachdem sich Strasser bereit erklärt hatte, dem Kabinett Schleicher als Vizekanzler beizutreten, und glaubte, sich auf viele Abgeordnete seiner Reichstagsfraktion verlassen zu können, rief dies eine ernste Krise hervor. Am 5. Dezember trat in Berlin eine Führertagung der NSDAP zusammen, die zur Kenntnis nehmen musste, dass mit dem Ergebnis der thüringischen Landtagswahlen vom Vortage ein unbezweifelbarer Beweis für den Einflussverlust der Partei vorlag. Hier hatten 40 % früherer Wähler nicht mehr für sie votiert, und das in einem Gebiet, in dem sie ihre ersten großen Erfolge hatte erlangen können. In der Frage, wie gegenüber der Schleicher-Regierung taktiert werden solle, prallten divergierende Auffassungen hart aufeinander. Während die Fraktion lavierte, um eine erneute Auflösung des Reichstages und die gefürchteten Neuwahlen zu vermeiden, scheiterten alle Versuche, einen Kompromiss zu finden. Strasser, wenige Monate zuvor an die Spitze des weitverzweigten organisatorischen Apparats der NSDAP gestellt und somit aus der nur wenige Personen zählenden zweiten Reihe der Parteihierarchie noch herausgehoben, legte schließlich am 8. Dezember seine Parteiämter nieder. Offiziell wurde verlautbart, er habe »mit Genehmigung des Führers einen Krankheitsurlaub von drei Wochen« angetreten. Am 9. Dezember fand im Palais des Reichstagspräsidenten eine theatralische Treuebekundung für Hitler statt. Der verpflichtete die Reichstagsabgeordneten und Gauleiter durch Handschlag zu bedingungslosem Gehorsam. Offensichtlich war die Zahl derer zu klein geblieben, von denen Strasser Unterstützung erwartet hatte – es handelte sich wohl um etwa 60 der 196 Reichstagsabgeordneten sowie um einige Gauleiter. Den offenen Machtkampf mit Hitler vermied er; nicht in der Zielsetzung, nur in Fragen der Taktik unterschieden sich beide Faschisten.

Das Konzept einer »Querfront« scheiterte bereits in seinen Ansätzen. Der weitere Weg, der nun beschritten bzw. ausgekungelt wurde, führte zur Übergabe der Regierungsgewalt an Hitler, zum 30. Januar 1933. Schleicher und Strasser, das Querfrontkonzept umzusetzen bemüht waren, überlebten die Mordaktion der an die Macht gebrachten Faschisten vom 30. Juni 1934 nicht.

Die »große Lösung« des 30. Januar 1933

Was sich unmittelbar vor dem 30. Januar abspielte, kann nur als ein Gestrüpp aus Winkelzügen und Intrigen bezeichnet werden. Da betrieb man hinter den Kulissen Geheimdiplomatie, da fanden sich Gesprächsrunden zusammen, die nach allen Regeln konspirativer Kunst organisiert wurden und deren Resultate dennoch rasch jenen zu Ohren kamen, für die sie nicht bestimmt waren. Auf der Straße verstärkten bewaffnete SA-Horden ihr terroristisches Treiben. Sie empfahlen sich als die schlagkräftigste Truppe im Kampf der deutschen Rechten gegen die organisierte Arbeiterbewegung und gegen alle anderen, die sich zur Verteidigung der wenigen Reste an Weimarer Demokratie bereit zeigten.

Spätestens in den ersten Januar-Wochen 1933 waren alle Weichen gestellt, vor allem als am vierten Tag des neuen Jahres in Köln ein Gespräch zwischen Papen und Hitler im Hause des Bankiers Kurt von Schröder stattfand und Bereitschaft zu gemeinsamer Front gegen Schleicher führte. Dies fand rasante Fortsetzung und führte zu neuen Attacken großagrarischer und großindustrieller Kreise gegen den Kanzler. Die einen beklagten sich über dessen »Agrarbolschewismus«, die anderen ließen den RDI offiziell den General kritisieren, er entschulde wie Brüning im Rahmen der »Osthilfe« landwirtschaftliche Betriebe nicht hinreichend und gewähre Siedlungskredite für Neubauern auf Grundstücken bankrottgegangener Großgrundbesitzer. Nach der für sie einigermaßen erfolgreich überstandenen Wahl im kleinen Ländchen Lippe sahen sich auch die Nazis wieder im Spiel. Ihr Propaganda- und Terrorapparat lief auf Hochtouren, um sich den Mächtigen des Landes in Wirtschaft, Staatsbürokratie und Militär nun endgültig als stärkste und die größten Erfolge versprechende nationale Kraft zu empfehlen. Der »Marxismus muss niedergeknüppelt werden«, erklärte Hitler im Gespräch mit Alfred Hugenberg am 17. Januar in der Dienstwohnung des Reichstagspräsidenten Hermann Göring.

Für die fieberhaft geführten Besprechungen und Treffs zwischen Vertretern von DNVP und NSDAP spielte Papen eine zentrale Rolle. Als Beauftragter Hindenburgs sondierte er, wie ein neues Kabinett beschaffen sein und wie es geschaffen werden könnte. Am 18. Januar traf er sich gegen 12 Uhr erneut mit Hitler, diesmal im Berliner Haus von Joachim Ribbentrop. Als letzte Vorbehalte gegen eine Berufung Hitlers zum Reichskanzler nicht auszuräumen waren, wurde sogar der – wie es spöttisch hieß: in der Verfassung nicht vorgesehene – Sohn Hindenburgs eingeschaltet. Mit ihm traf sich Hitler am 22. Januar. Anwesend war auch Otto Meißner, Staatssekretär im Büro des Reichspräsidenten. Zu alldem schrieb der sozialdemokratische *Vorwärts* am 20. Januar: »Hitler bei Papen, Strasser bei Schleicher, Hugenberg bei Hitler, Papen bei Hugenberg, Hugenberg bei Hindenburg. Alvensleben schiebt vorne, Thyssen schiebt hinten [...] Wer findet sich noch zurecht in der Geheimpolitik, die ohne das deutsche Volk betrieben wird?«

Hindenburg , der sich in dieser Situation auch zum Sprachrohr des großagrarische Interessen vertretenden RLB machte, entließ am 28. Januar Schleicher und beauftragte Papen mit Prüfung der Möglichkeiten für ein neues Kabinett. Dieser ließ sogleich die Naziführer wissen, dass ein Wendepunkt eingetreten und die Kanzlerschaft Hitlers nun endlich möglich sei. Das Wochenende nutzten alle, um zu klären, wie die Liste der Minister aussehen sollte. Auch am Sonntag, dem 29. Januar, konferierten Hitler und Papen lange miteinander. Unter dem Druck vieler, wenn auch nicht aller ökonomisch und politisch Mächtigen des Landes liefen deren Verabredungen auf eine Wiederholung der

Harzburger Front hinaus, auch wenn beide Partner sich nicht gern daran erinnern wollten, war man doch nach dem Oktober 1931 unter Hauen und Stechen in gegenseitigem Zorn auseinander gegangen. Zwischen Hitler und Hugenberg hatte lange Zeit Funkstille geherrscht, beide hatten nach anderen koalitionsbereiten Kräften gesucht, vor deren »Unzuverlässigkeit« sie sich wechselseitig warnten. Auch Politiker des *Zentrums* und der BVP beteiligten sich an diesem Spiel und verhandelten mit den Nazis über eine grundsätzlich für möglich gehaltene schwarzbraune Koalitionen. Allerdings verloren sie am Ende, was die einflussreiche katholische *Kreuzzeitung* jedoch nicht daran hinderte, schließlich die am 30. Januar erfolgte »große Lösung« – so benannt von Papen – bourgeoiser Krisenprobleme zu bejubeln: »Welch bessere Regierung hätte ein Volk in unserer Lage sich wünschen und finden können?«

Am 30. Januar 1933, kurz nach 11 Uhr, vereidigte Hindenburg das neue Kabinett – zwar unvollständig, da sich der Reichspräsident die Besetzung des Reichswehrministeriums noch vorbehielt. Gegen 12 Uhr 40 wurde die Nachricht offiziell verbreitet. Ihren Sieg feierten Hitler, Göring, Goebbels, Heß, Himmler, Röhm und andere im mondänen Hotel Kaiserhof. Am Abend marschierten die braunen Garden, triumphierend und bereit zu neuen Gewalttaten.

Kritische Zeitgenossen wussten: die Weimarer Republik ist zerstört, in formaler Hinsicht mit legalen Mitteln, wenngleich völlig illegitim gegen Sinn und Ziel der Weimarer Republik verstoßend, sowie mit Folgen unerhörten Ausmaßes. Die KPD bewertete die neue Regierung als »brutalste, unverhüllteste Kriegserklärung an die Werktätigen« und sprach von einem zu erwartenden »hemmungslosen Kurs auf den imperialistischen Krieg«. Sozialdemokraten urteilten: »Hitler-Papen-Kabinett: ›Feine Leute‹ und drei Nazis – Kabinett des Großkapitals: Der Reichspräsident hat mit der Ernennung dieser Regierung die furchtbarste Verantwortung übernommen, die jemals ein Staatsoberhaupt übernommen hat.« Carl von Ossietzky meinte, die »Gegenrevolution« habe kampflos die Höhen besetzt. Vorausschauend meinte er, der NSDAP könne es durchaus gelingen, »die deutsche Misere auf einem eben noch erträglichen Niveau zu stabilisieren«. Ja, würde sie darauf verzichten, den »sozialpolitischen Fundus allzu sehr anzutasten«, könne sie ein System schaffen, »das für ein gutes Menschenalter vorhält.« Von schlauer Geschicklichkeit und Brutalität sprachen die politischen Wochenberichte, die der religiöse Sozialist Emil Fuchs verfasste: »Brutal ist auch die Selbstverständlichkeit, mit der die Ansprüche der getreuen Parteigenossen auf Ämter befriedigt werden. Es gibt keinen Respekt vor Tüchtigkeit und Leistung mehr, wo ein Amt von einem Pg. oder einem deutschnationalen Herren begehrt wird«. Die Antwort auf seine besorgte Frage, ob die »begeisterte Dummheit in Deutschland noch über das Maß hinaus gesteigert werden kann, was Hitler bis jetzt erreicht hat«, gaben die folgenden zwölf Jahre: Sie markieren den absoluten Tiefpunkt in der deutschen Geschichte des 20. Jahrhunderts.

Wohin jener Tag geführt hat, an dem Hitlers *Regierung der nationalen Konzentration* inthronisiert und der Weimarer Republik der Todesstoß versetzt wurde, ist bekannt: Es entstand eine terroristische Diktatur sondergleichen, gerichtet gegen alle anders Denkenden, gegen Menschen anderer Herkunft oder Hautfarbe, Kriege führend gegen andere Völker, denen im geplanten Großgermanischen Reich Vertreibung oder Ermordung, allenfalls eine Existenz als auszubeutende Arbeitssklaven zugedacht worden ist. Auf den Trümmern der Weimarer Republik wurden die Großverbrechen des deutschen Faschismus vorbereitet – der Zweite Weltkrieg und der Genozid an den europäischen Juden.

Abkürzungsverzeichnis

ADGB	Allgemeiner Deutscher Gewerkschaftsbund
ADAP	Akten zur Deutschen Auswärtigen Politik
ADBG	Allgemeiner Deutscher Gewerkschaftsbund
AdR	Akten der Reichskanzlei
BVP	Bayerische Volkspartei
DDP	Deutsche Demokratische Partei
DNVP	Deutschnationale Volkspartei
DVP	Deutsche Volkspartei
EKKI	Exekutivkomitee der Kommunistischen Internationale
KI	Kommunistische Internationale
KPD	Kommunistische Partei Deutschlands
NSDAP	Nationalsozialistische Deutsche Arbeiter-Partei
OHL	Oberste Heeresleitung
Pg.	Parteigenosse
RDI	Reichsverband der Deutschen Industrie
RGBl.	Reichsgesetzblatt
RGO	Revolutionäre Gewerkschafts-Opposition
RLB	Reichs-Landbund
SA	Sturmabteilung
SPD	Sozialdemokratische Partei Deutschlands
SS	Schutzstaffel
VfZG	Vierteljahreshefte für Zeitgeschichte
USPD	Unabhängige Sozialdemokratische Partei Deutschlands
ZAG	Zentralarbeitsgemeinschaft der industriellen und gewerblichen Arbeitgeber- und Arbeitnehmerverbände
ZfG	Zeitschrift für Geschichtswissenschaft

Literaturauswahl

Angeführt werden hauptsächlich benutzte Dokumentenbände und Publikationen. Interessierte Leserinnen und Leser seien vor allem auf die ausführliche, thematisch gegliederte Bibliografie des Buches von Ursula Büttner (S. 672-771) verwiesen.

Akten der Reichskanzlei. Weimarer Republik. (23 Bände), München 1968–1990

Karl Dietrich Bracher / Manfred Funke / Hans-Adolf Jacobsen (Hrsg.): Die Weimarer Republik 1918–1933. Politik, Wirtschaft, Gesellschaft, Düsseldorf ^{3}1998

Ursula Büttner: Weimar. Die überforderte Republik 1918–1933. Leistung und Versagen in Staat, Gesellschaft, Wirtschaft und Kultur. Stuttgart 2008

Karl Dietrich Erdmann / Hagen Schulze (Hrsg.): Weimar. Selbstpreisgabe einer Demokratie, Düsseldorf ^{2}1984

Jürgen Falter u. a.: Wahlen und Abstimmungen in der Weimarer Republik. Materialien zum Wahlverhalten 1919–1933 (1986)

Hitler. Reden, Schriften, Anordnungen. Februar 1925 bis Januar 1933. 6 Bände in 12 Teilbänden und ein Ergänzungsband, München 1991–2000

Wilhelm Hoegner: Die verratene Republik. Geschichte der deutschen Gegenrevolution, Stuttgart 1958

Gotthard Jasper: Die gescheiterte Zähmung. Wege zur Machtergreifung Hitlers 1930–1934, Frankfurt a. M. 1986

Eberhard Kolb: Die Weimarer Republik, München ^{6}2002

Reinhard Kühnl: Die Weimarer Republik. Errichtung, Machtstruktur und Zerstörung einer Demokratie. Ein Lehrstück (1993)

Lexikon zur Parteiengeschichte. Die bürgerlichen und kleinbürgerlichen Parteien und Verbände in Deutschland (1789–1945). In vier Bänden, hrsg. von Dieter Fricke

(Leiter des Herausgeberkollektivs) / Werner Fritsch, Herbert Gottwald / Siegfried Schmidt / Manfred Weißbecker, Leipzig 1983–1986 (neu erschienen als CD-ROM, PapyRossa Verlag, Köln 2015)

Detlef Lehnert: Die Weimarer Republik. Parteienstaat und Massengesellschaft, Stuttgart 1999

Horst Möller: Die unvollendete Demokratie, München [7]2004

Hans Mommsen: Die verspielte Freiheit. Der Weg der Republik von Weimar in den Untergang 1918 bis 1922, München [3]2001

Sigmund Neumann: Die Parteien der Weimarer Republik, Berlin 1932

Gottfried Niedhart: Deutsche Geschichte 1918–1933. Politik in der Weimarer Republik und der Sieg der Rechten, Stuttgart u. a. [2]1996

Detlev J. K. Peukert: Die Weimarer Republik. Krisenjahre der Klassischen Moderne, Frankfurt a. M. 1987

Wolfram Pyta: Die Weimarer Republik, Opladen 2004

Wolfgang Ruge: Deutschland von 1917 bis 1933, Berlin 1974

Ursachen und Folgen. Vom deutschen Zusammenbruch 1918 und 1945 bis zur staatlichen Neuordnung Deutschlands in der Gegenwart. Eine Urkunden- und Dokumentensammlung, 27 Bände, Berlin 1956–1979

Manfred Weißbecker u. a.: Macht und Ohnmacht der Weimarer Republik, Berlin 1990

Heinrich August Winkler: Weimar 1918–1933. Die Geschichte der ersten deutschen Demokratie, München [3]1998

Andreas Wirsching: Die Weimarer Republik. Politik und Gesellschaft, München 2000